现代信息技术在财务管理中的应用研究

詹合霞　李琳琳　马海龙　著

吉林出版集团股份有限公司
全国百佳图书出版单位

图书在版编目（CIP）数据

现代信息技术在财务管理中的应用研究 / 詹合霞,
李琳琳, 马海龙著. — 长春 : 吉林出版集团股份有限公
司, 2023.9

ISBN 978-7-5731-4259-7

Ⅰ.①现… Ⅱ.①詹… ②李… ③马… Ⅲ.①信息技
术–应用–财务管理系统–研究 Ⅳ.①F232

中国国家版本馆CIP数据核字(2023)第172530号

现代信息技术在财务管理中的应用研究

XIANDAI XINXI JISHU ZAI CAIWU GUANLI ZHONG DE YINGYONG YANJIU

著　　者　詹合霞　李琳琳　马海龙

出 版 人　吴　强

责任编辑　刘东禹

助理编辑　李　响

装帧设计　周　婷

开　　本　787mm×1092mm　1/16

印　　张　12

字　　数　230千字

版　　次　2023年9月第1版

印　　次　2023年11月第1次印刷

出　　版　吉林出版集团股份有限公司

发　　行　吉林音像出版社有限责任公司
　　　　　（吉林省长春市南关区福祉大路5788号）

电　　话　0431-81629667

印　　刷　吉林省信诚印刷有限公司

ISBN 978-7-5731-4259-7　定　　价　49.00元

如发现印装质量问题，影响阅读，请与出版社联系调换。

前言

　　信息化是当今世界发展的必然趋势，是推动我国现代化建设和经济社会变革的技术手段和基础性工程。国家信息化发展的战略重点包括推进国民经济发展和社会信息化进程、加强信息资源的开发利用、推行电子政务、完善综合信息基础设施、提高国民经济信息应用能力等。随着信息技术特别是互联网技术在财务管理工作中的深度应用，财务管理工作信息系统的发展进入了应用的新阶段。

　　财务管理是一门应用性较强的经济管理学科，财务管理环境的变化，不仅给企业财务管理实践提出了新的挑战，而且使财务管理理论研究遇到了许多新的课题。企业财务管理是企业健康发展的重要因素，新经济时代下企业财务管理面临着更多的问题，创新是企业财务管理工作的必然选择。信息时代的到来，促使财务管理需要不断地变革创新，财务管理将构建在一个融合财务管理各个相关方面的信息化、开放式生态平台之上，这将成为信息化时代财务管理未来发展的必然趋势。

　　在数字经济时代，以大数据、人工智能、物联网、云计算以及区块链等为代表的信息技术改变着会计学科的发展方向。新技术影响财务管理的同时，也影响企业财务管理信息平台搭建的改革与创新。本书遵循理论与实务相结合的原则，既注重财务管理的基础理论和基本知识的讲解，又注重实际操作和对企业财务管理具体工作的介绍，章节内容包括财务管理的基本理论与基本分类、现代企业财务管理理论研究、财务管理信息化的应用、财务管理的创新理念与财务数字化建设的实施、信息技术应用于企业财务共享以及智能时代财务管理创新实践。

　　本书针对财经类专业所需财务管理信息化技能编写，以新会计准则为依据，将最新的财务管理知识融合于财务软件，内容新颖、全面，实用性强，使读者便于掌握财务工作实际操作技能。本书适用于高等学校财务会计类专业的学生学习，也可作为企业财会人员、管理人员及财经类院校教师的参考用书。

　　本书在编写过程中参考了大量的相关著作、网络资料、教材和文献，汲取和借鉴了同行的相关成果，在此谨向有关作者表示诚挚的谢意和敬意!由于笔者水平有限加之时间仓促，书中难免有不当和疏漏之处，敬请读者批评指正。

詹合霞

2023年3月

目录

第一章 财务管理的基本理论

第一节 财务管理概述

一、财务管理的概念

企业生产经营过程中的资金不停地流转变化，即资金运动，就是企业财务活动。通俗地说，对企业财务活动进行的计划、组织、控制、协调与考核，就是财务管理。

财务是理财的事务。企业财务就是企业理财的事务。财务管理是指在一定的整体目标下，企业关于货币资金的筹措、投放、营运和分配等活动进行的综合性管理工作。

企业财务管理是基于企业生产经营过程中客观存在的财务活动和财务关系而产生的，它是企业组织财务活动、处理企业与各方面财务关系的一项管理工作，是企业管理的重要组成部分。

资金是资产的货币表现和货币本身。企业资金则是企业在生产经营过程中归属于一定所有者的有价资产的货币表现。

从资金运用角度看，虽然资金是企业资产的货币计量，但它的形式却是多样的，包括各种财产、债权和其他的权利，如企业的流动资产、长期投资、固定资产、无形资产、递延资产和其他资产等。

（一）企业的资金运动环节

企业的资金运动一般依次经过资金的筹集、资金的投放、资金的耗用、资金的回收、资金的分配等几个环节。

1. 资金的筹集

企业进行生产经营活动，首先必须筹集一定数量的资金，包括资金需求量的预测，资金筹集渠道和方式，筹资决策有关理论和方法等。筹资是资金运动的起点，也是财务管理资金运用的前提。

2. 资金的投放

资金的投放即企业投资活动，由长期资产的投资和流动资产投资组成。包括投资项目与投资方式的选择，投资额的确定，投资的成果与投资风险的分析等。资金的运用是资金运动的中心环节，是资金利用效果的关键所在，它不仅对筹资提出要求，而且决定了企业未来长时期的财务经济效益。

3. 资金的耗用

资金的耗用即成本和费用的消耗和补偿，包括产品成本和各种费用的预测和决策，对供应、生产和销售等再生产环节各种消耗的分析和控制。资金耗费要从未来的收入中收回，资金耗用额的多少是价值补偿的尺度。资金的耗费是资金运动的基础环节，耗费水平是利润水平高低的决定性因素。

4. 资金的收益

资金的收益即销售收入的管理，企业资金投入生产经营与对投资所带来货币收入的过程，包括价格的形成，收入额的确定、结算方式的选择与销售收入实现的过程。企业收入是资金运动的关键环节，它不仅关系着资金消耗的补偿，更关系着投资效益的实现。企业收入的取得是进行财务分配的前提。

5. 资金的分配

资金的分配即对已实现的销售收入和其他货币收入分配的过程。其内容包括成本费用的补偿、企业纯收入分配和税后利润分配等各个层次。分配是资金一次运动的终点，同时又是下一次运动的前提。由于资金分配是企业经济效益的体现，关系到各方面的经济利益，因而具有很强的现实性和政策性。

财务管理作为企业管理的一个重要组成部分，侧重于企业价值管理，根据资金在企业中的运动规律，通过对企业筹资、投资、日常经营及收入分配等各种财务活动的管理，使企业的价值达到最大。

（二）财务管理的特点

1. 综合性强

财务管理工作的综合性要求在从事财务管理工作时必须全面考虑，借助于价值形式，把企业的一切物质条件、人力资源和经营过程都合理地加以规划和控制，达到企业效益不断提高、价值不断增大的目的。

2. 涉及面广

财务管理具体体现在对企业的各种资金收支活动的组织上。在企业生产经营的各个方面，从供、产、销到人事、行政、技术等各部门的业务活动，都与资金的收支活动密切相关，因而，财务管理工作必然要延伸到企业生产经营的各个方面。反过来，企业与资金运动相关的每项活动都要主动接受财务管理部门的指导，按规定办事。

3. 可以通过财务指标来反映

企业财务管理的效果可以通过一系列财务指标来反映。根据这一特点，财务管理部门可及时地向相关管理部门或人员提供财务信息，以帮助其了解各项管理效果，以便改进管理，提高效率和效益。

二、财务活动

所谓财务活动，是指因企业的生产经营活动而产生的资金筹集、投放、使用与分配的过程。

（一）筹资活动

筹资活动是指企业为了满足资金的投放和使用的需要，按时足额筹措所需资金的过程。企业组织生产，从事经营活动，必须从各种渠道筹集到一定数量的资金，这是资金运动的起点，是投资的必要前提。在筹资过程中，企业一方面要确定合理的筹资总规模；另一方面要通过对筹资渠道、筹资方式或筹资工具的选择，合理确定资金结构，以降低筹资成本和风险。

这种因资金筹集而产生的资金流入与流出以及相应的管理活动便是企业由筹资活动而引起的财务活动。

（二）投资活动

企业取得资金后，必须将筹集的资金投入使用才能取得一定的收益。企业投资可以分为广义的投资和狭义的投资两类。广义的投资包括企业内部使用资金的过程（如购置固定资产、无形资产等）和对外投放资金的过程（如购买其他企业的股票、债券或与其他企业联营等）；狭义的投资仅指对外投资。无论是对内投资还是对外投资，都会有资金的流出，当企业收回投资时，则会产生资金的流入。

这种因投资活动而产生的资金流入与流出以及相应的管理活动便是企业由投资活动引起的财务活动。

（三）资金营运活动

资金的营运活动也称资金使用活动，是指企业在日常生产经营过程中所发生的资金管理与收付活动。企业在生产经营过程中，会发生一系列的资金流进流出业务。从原材料及生产设备的采购，到生产组织、职工工资和福利费的支付等，都会发生资金的流出。当产品销售或提供劳务后，又可以获得收入，形成资金的流入。

这种因生产经营活动而产生的资金流入与流出以及相应的管理活动便是由资金营运活动而引起的财务活动。

（四）收益分配活动

企业通过对内、对外投资取得收益，获得一定的盈余。企业取得盈余以后，必须按照相关法规的规定进行有序的分配。广义的分配是指企业对各种收入进行分配的过程，狭义的分配仅指对净利润的分配。

企业所取得的产品销售收入，要用以弥补生产耗费，按规定纳税，其余部分为企业的营业利润。营业利润和投资收益、营业外收支净额构成企业的利润总额，引起资金流入。利润总额首先要交纳所得税，税后利润要提取公积金和公益金，分别用于扩大积累、弥补亏损和改善职工集体福利设施，所剩利润作为投资收益分配给投资者，这些分配活动会产生资金的流出。

这种因分配活动而产生的资金流入与流出以及相应的管理活动便是由分配活动而引起的财务活动。

三、财务关系

企业作为法人在组织财务活动过程中必然与企业内外部有关各方发生广泛的经济利益关系，这就是企业的财务关系。企业的财务关系因经济利益和责任的多样性而较为复杂。

（一）企业与国家之间的财务关系

企业与国家之间的财务关系是强制性的经济利益关系，相关法规已十分明确，即企业必须向国家依法纳税的关系。

（二）企业与投资者之间的财务关系

企业的投资者要按照投资合同、协议、章程的约定履行出资义务，形成企业的投资资本金。企业利用这些资金进行投资，实现利润后，应按出资比例或合同、章程的规定进行分配利润。企业同其投资者之间的财务关系反映了经营权和所有权的关系。

投资者的所有权主要体现在对企业进行一定程度的控制或施加影响，参与企业的利润分配，享有剩余财产索取权，同时还要承担一定的经济法律责任等。

（三）企业与债权人之间的财务关系

企业除利用资本金进行经营活动外，还要借入一定数量的资金，以便降低企业资本成本，扩大企业经营规模。企业利用债权人的资金，要按约定的利息率及时向债权人支付利息，债务到期时要按时向债权人归还本金。企业同其债权人的关系体现的是债务与债权关系。

（四）企业与债务人之间的财务关系

企业将资金借出后，有权要求其债务人按约定的条件支付利息和归还本金。企业同其债务人的关系体现的是债权与债务关系。

企业借出的资金能否安全及时地收回、是否能定期收取利息，关系到企业的经济效益的实现和企业生产经营是否能顺利进行。

（五）企业与企业内部各经济责任主体的财务关系

企业与内部各单位的财务关系，是指企业内部各单位之间在生产经营各环节中相互提供产品或劳务所形成的经济关系。企业在实行内部经济核算制的条件下，企业供、产、销各职能部门以及各生产单位之间相互提供产品和劳务要进行计价结算，这种在企业内部形成的资金结算关系体现了企业内部各单位之间的经济利益关系。

企业经济责任制的建立，需要明确各部门的经济利益，否则就不能充分调动各部门的积极性，所以企业应处理好与内部各单位之间的财务关系。

（六）企业与其职工之间的财务关系

企业与职工之间的财务关系，是指企业向职工支付劳动报酬过程中所形成的经济关系。企业要用自身的产品销售收入或其他可以支配的资金向职工支付工资、津贴、奖金等，按照职工提供的劳动数量和质量支付劳动报酬。这种企业与职工之间的财务关系体现了职工和企业在劳动成果上的分配关系。

企业的财务活动与财务关系是相互联系的，合理组织企业财务活动是对企业财务管理的基本要求，而正确处理各种财务关系则是合理组织企业财务活动的必要条件。如果各种财务关系处理不当，就难以保证企业财务活动顺利而有效地进行。

第二节　财务管理的目标与原则

一、财务管理的目标

企业财务管理目标又称理财目标，是指企业进行财务活动所要达到的根本目标。企业财务管理目标应该和企业的生产经营目标相一致，并为实现企业的生产经营目标服务。

（一）利润最大化

利润最大化目标是指财务管理工作的最终目的是不断增加企业利润，使企业利润在一定时期内达到最大。这一观点认为，利润代表企业新创造的财富，利润越多则说明企业的财富增加得越多，越接近企业的目标。

利润最大化目标的缺陷，第一，没有考虑风险因素。报酬和风险是紧密相关的，高报酬必然面对高风险。将利润最大化作为财务管理目标，可能会促使财务管理人员忽视风险去追逐高额利润。第二，忽略长远利益。在所有权和经营权分离的情况下，经理们为了突出任职期内的成绩，往往只顾眼前利润，忽略长远利益。例如：对那些投资在短期内收益少甚至亏损，但从长远来看具有光明前景的项目，可能会得不到应有的重视。第三，缺乏可比性。利润是一个绝对指标，既没有反映出它与投入资本之间的关系，也没有考虑资金的时间价值，因而不能科学地说明企业经济效益水平的高低，不便于在不同时期、不同企业之间进行比较。

（二）股东财富最大化

股东财富最大化是指通过有效的财务管理，为股东创造最大的财富。这一观点认为，给股东创造的财富越多，就越能提高资本报酬，实现权益资本的保值增值。对于股份制企业，股东财富由其所拥有的股票数量和股票市场价格两个方面所决定，在股票数量一定时，股东财富最大化等同于股价最大化。而要使股票市场价格最大化，企业必须提高经营管理水平。

股东财富最大化目标的可取之处在于：考虑了盈利与风险之间的关系；考虑了短期利益与长期发展的关系。其不足在于：它只强调股东的利益，可能忽视了公司关系人的利益；对非上市公司不适用；股票价格并非公司所能完全控制。

（三）企业价值最大化

企业价值最大化是指通过合理的财务管理，充分考虑资金的时间价值和风险与报酬的关系，使企业总价值达到最大。其基本思想是既考虑企业长期稳定发展，又强调在企业价值增长中兼顾各关系人的利益。

企业价值是指企业的市场价值，它是社会公众对企业总价值的市场评估。追求企业价值最大化目标，其最大困难就是企业价值量化的问题。一般来说，企业价值可以通过其未来现金流量的现值来反映。

企业价值最大化不仅体现了股东财富最大化的优点，而且着重考虑了企业发展中各方利益的关系，弥补了股东财富最大化仅仅考虑股东利益的不足。

二、财务管理的原则

财务管理的原则是指在企业财务管理工作中必须遵循的准则，是经过长期实践检验的理财行为规范。

（一）风险收益均衡原则

在市场经济条件下，风险是客观存在的，企业要想获得收益，就必须面对风险。收益风险均衡原则是指在财务管理中，对每项财务活动都必须进行收益和风险的权衡，尽可能分散风险，提高收益。

遵循这项原则，就必须以科学的态度对每一项决策的风险和收益做出全面的分析和权衡，选择风险低、收益高的最有利方案。特别是要注意尽可能规避风险，化风险为机遇，在危机中找出路，以提高企业的经济效益。

（二）货币时间价值原则

货币时间价值是指资金具有时间价值，资金的周转使用是要讲效益的。相同数量的资金，其收入或支出的时间不同，则具有不同的价值；相同数量的资金，其周转速度不同所带来的增值也不一样，周转速度越快增值越多。

因此，在财务管理工作中必须坚持时间价值原则，树立时间和效益观念。

（三）资金合理配置原则

资金合理配置就是通过对资金运动的组织与调节，来保证财务活动具有最优的比例结构。

企业资产的构成是资金运用的结果，同时它又以资金结构的形式表现出来。企业有各种各样的资金结构。在资金来源方面，有负债资本同权益资本的构成比例；有流动负债同长期负债的构成比例以及权益资本各项目之间的构成比例等。在资金占用方面，有对外投资和对内投资的构成比例；有固定资产和流动资产的构成比例；有有形资产和无形资产的构成比例；有货币性资产和非货币性资产的构成比例；有材料、产品、产成品的构成比例等。

从系统论的观点看，财务管理也是一个系统，系统各要素之间的内在关系的表现形式就是各要素之间的数量比例关系。只有其数量结构比例恰当，资金配置合理，才能保证生产经营活动的顺利进行，并能实现最佳的经济效益，否则就会危及购、产、销活动的协调，甚至影响企业的兴衰。因此，资金合理配置是企业持续、高效经营的必不可少的条件，是财务管理的一项基本规范。

（四）收支积极平衡原则

在财务管理中，不仅要保持各种资金存量的协调平衡，而且要经常关注资金流量的动态协调平衡。所谓收支平衡，就是要求资金收支不仅在一定期间总量上求得平衡，而且在每一个时点上协调平衡。资金收支在每一时点上的平衡性是资金循环过程得以周而复始进行的条件。资金收支的平衡，归根到底取决于购、产、销活动的平衡。企业既要搞好生产过程的组织管理工作，又要抓好生产资料的采购和产品的销售，使购、产、销三个环节互相衔接，资金收支才会得以平衡，其周转才会畅通，经济效益才会良好。但必须指出的是，资金的收支平衡原则并不是要求保持资金收支的绝对平衡，收支平衡总是相对的、暂时的。经营环境和条件的变化必然会打破原来的平衡而形成新的不平衡，财务管理的任务之一就是要通过对资金的有效协调和调度，在新的条件下建立新的资金收支平衡关系。收支平衡原则就是要求在财务活动中以实现企业价值最大化为目标，保持财务收支的积极平衡。

（五）利益关系协调原则

企业在组织财务活动的过程中，必然要与各方面发生广泛的经济利益关系。实行利益关系协调原则，就是在财务管理中利用经济手段协调国家、投资者、债权人、购销客户、经营者、劳动者以及企业内部各部门各单位的经济利益关系，维护有关各方的合法权益。

具体地说，企业在财务管理中应当遵守国家法律，依法纳税，并正确运用价格、股利、利息、奖金、罚款等经济手段，建立激励机制和约束机制，对投资者做到资本保全，予以丰厚的回报；对债权人按期还本付息；对企业守诚信，等价交换；对企业内部及职工奖优罚劣，按劳分配，从而处理好各方面的经济利益关系，以实现国家、集体、个人的和谐一致。

（六）成本效益原则

成本效益原则就是在财务活动中通过计算和比较以及得失的衡量，使成本与收益得到最优的结合，获取更多的盈利。显而易见，成本效益原则贯穿于财务管理的全过程，自始至终地力求企业在生产经营活动中以尽可能少的成本费用投入，获取尽可能多的效益产出，以实现企业价值最大化的理财目标，增加社会财富，满足人们日益增长的物质和文化生活的需要。例如：在企业筹资活动中，应对资金成本率与息税前资金利润率进行测算和对比分析，在投资决策中，应对投资额与投资收益额进行测算和比较分析，等等。

（七）弹性原则

弹性是指伸缩性或留有余地。在追求准确和节约的同时，留有合理的伸缩余地就是财务管理的弹性原则。财务管理应努力实现收支平衡，略有结余。

企业财务管理中，之所以要保持合理的弹性，主要是因为财务管理环境复杂多变，企业缺乏完全的控制能力；财务管理人员的素质和能力不可能达到理想的境界，难免会出现管理的失误；财务预测、财务决策、财务计划都是对未来的一种大致规划，都要求在管理的各方面、各环节保持可调节的余地。

财务管理实践中，对现金、存货留有一定的保险储备，编制计划时留有余地都是这一原则的具体应用。

第三节　财务管理的作用

随着市场经济的发展，企业之间的竞争越来越激烈，财务管理在企业中的地位也更加重要。在新的经济环境下，企业财务管理的内涵、功能和地位等都发生了深刻的变化。在新的市场环境下，企业对财务管理给出了新的定位。

一、确立财务管理在企业管理中的中心地位

（一）盘活存量资产，处理沉淀资金，加快资金流动性

企业应当每年集中进行盘查，列出积压清单，及时列出报废资产，并尽可能地将报废资产转为货币资金。

（二）编制资金使用计划，加强资金平衡工作，充分发挥资金调度作用

一方面，企业为了维持正常的运作，要对资金进行合理分配。企业要采取适当的措施进行资金的统一安排，根据任务的轻重缓急合理安排工作顺序。另一方面，企业要安排财务部门将各部门的用款计划进行呈报，确保资金的合理使用。

（三）人才管理是确立财务管理中心地位和作用的前提

人才是十分重要的发展动力。对企业的财务管理而言，领导干部必须具备一定的财务管理素质，要加强对财务管理相关知识的学习，比如税收、金融、财务等法律法规，同时还要重视财务管理，积极参与财务管理活动。财务干部也要及时参与企业的经营管理和重大决策，不断学习财务管理理论知识，树立终身学习的理念。

二、财务管理在企业运营中的作用

（一）生产经营

财务管理在企业运营中具有风险掌控的作用，帮助企业进行风险分析和控制，提高企业在市场变化中的生存能力。财务管理不仅可以实现企业市场竞争中的财务风控能力，还能减少企业的投资成本，实现企业利润最大化，扩大企业的市场营销数量，提高生产销售总值。科学的财务管理方式，还能够提高资金的周转速度，通过借贷和运营的结合，为企业的市场竞争提供决策信息，强化企业资本结构的稳定性和合理性。财务管理从根本上减

轻企业资金上的困难和负担，通过专业的科学化成本分析计算，结合企业自身的现状，为企业进行合理的资本结构转化，降低财务风险，提供企业的总利润值，增强企业的科学决策能力。

（二）企业管理

　　财务管理不仅能提高企业生产经营的能力，提升企业的利润值，还能够提高资金的利用率。企业的发展离不开资金的管理，在投资效益的分析过程中，如何通过财务管理将企业投资成本降到最低，是保障企业持续性发展的关键。在财务管理部门，需要进行人员的评价考核，对其专业性进行考察，确保企业在财务管理中的专业化标准。在财务管理工作中要加强对财务人员的考核评定，建立完善的评价机制，对企业管理人员更要监督约束，加强对企业资金的管制，防止出现企业资金无故流失的现象。管理财务就是管理企业，财务是企业发展的命脉，因此，加强企业的财务管理，实现企业资金成本控制的多元化管理，针对企业发展现状和市场变化进行资金投入，可以保证企业管理的健康稳定。

第二章 财务管理的基本分类

第一节 筹资管理及方式

一、筹资管理概述

（一）企业筹资的意义和原则

资金是企业持续从事经营活动的基本条件。筹集资金是企业理财的起点。企业创建之初必须筹集资本金，进行企业的设立、登记，这样才能开展正常的经营活动；企业扩大生产经营规模，开发新产品，进行技术改造，需筹集资金，用于追加投资。因而，资金融通即筹集资金是决定资金规模和生产经营发展速度的重要环节。筹集资金，直接制约着资金的投入和运用；资金运用，关系到资金的分配；资金的分配，又制约着资金的再筹集与投入。

所谓筹资，就是企业从自身的生产经营现状及资金运用情况出发，根据企业未来经营策略和发展需要，经过科学的预测和决策，通过一定的渠道，采用一定的方式，向企业的投资者及债权人筹集资金，组织资金的供应，保证企业生产经营客观需要的一项理财活动。

市场经济体制的建立，必然要求企业真正成为独立的经济实体，成为自主经营、自负盈亏的商品生产者和经营者。资金筹集是企业资金运动的起点。只有自主筹集资金，企业才能把握资金运用的自主权，真正实现自主经营、自我发展和自负盈亏，成为名副其实的具有充分活力与竞争力的市场主体。

企业筹资过程中，会面临许多问题，何时筹资，通过什么渠道，采用什么方式进行筹资，以及筹资的数量、成本和资金的使用条件等，都是筹资工作必须正确解决的问题。为此，应遵循以下原则。

1. 合理性原则

企业筹资的目的在于确保企业生产经营所必需的资金。资金不足，固然会影响生产经营发展；而资金过剩，则可能导致资金使用效果降低。所以，筹集资金应掌握一个合理界限，即保证企业生产经营正常、高效运行的最低需用量。

2. 效益性原则

企业在选择资金来源、决定筹资方式时，必须综合考虑资金成本、筹资风险及投资效益等诸多方面的因素。

资金成本亦指企业为取得某种资金的使用权而付出的代价。它是资金使用者支付给资金所有者的报酬及有关的筹措费用，包括借款利息，债券利息，支付给股东的股利，以及股票发行费、债券注册费等。资金成本是对筹资效益的一种扣除。

总之，不同筹资渠道、筹资方式，其资金成本各不相同，取得资金的难易程度也不尽一致，企业所承担的风险也大小不一。为此，筹资者应根据不同的资金需要与筹资政策、考虑各种渠道和潜力、约束条件、风险程度，把资金来源和资金投向综合起来，全面考察、分析资金成本率和投资收益率，力求以最少的资金成本实现最大的投资收益。

3. 科学性原则

科学地确定企业资金来源的结构，寻求筹资方式的最优组合，这是企业筹资工作应遵循的又一重要原则。

企业资金包括自有和借入两部分。自有资金包括企业资本金、资本公积、盈余公积和留存盈利；借入资金通常包括短期负债及长期负债。在通常情况下，企业的生产经营不会以自有资金作为唯一的资金来源，通过举债来筹集部分资金，是现实客观经济生活中客观存在的正常现象，这就是通常所说的举债经营。在企业风险程度已知，其他情况不变的条件下，负债比例越大，企业可能获得的利益也越大，但随之而来的财务风险也就越大。

因此，在筹资时应正确分析企业筹资的用途，决定筹资的类型。企业增加恒久性流动资产或增添固定资产，则需筹措长期资金。长期资金是指供长期使用的资金，主要用于新产品开发和推广、生产规模的扩大、厂房和设备的更新，一般需要几年甚至几十年才能收回。长期资金是为了企业将来长期经营能不断地获得收益的支出，称为资本性支出。资本性支出对企业长期健康发展关系极大。企业未来的获利能力和经营成就在很大程度上取决于这类资金的筹措。短期资金是指供短期（一般为一年以内）使用的资金。短期资金主要用于现金、应收账款、材料采购、发放工资等，一般在短期内可以收回。

（二）企业筹资的渠道和方式

企业筹资的渠道是指企业取得资金的来源。企业筹资的方式是指企业取得资金的具体形式。企业面临的资金渠道很多，包括财政资金、银行资金、非银行金融机构资金、其他企业资金、居民个人资金、企业内部资金、国外资金等。

（三）企业筹资的动机与要求

1.企业筹资的动机

企业进行筹资的基本目的，是为了自身的生存与发展。企业筹资通常受一定动机的驱使。其动机主要有扩张性动机、偿债性动机和混合性动机。企业财务人员应客观地评价筹资动机，预见各种筹资动机带来的后果。

（1）扩张性动机。扩张性动机是由企业因扩大生产规模而需要增加资产的目的所促成的。例如：企业在其产品寿命周期的开拓和扩张时期，往往需要筹集大量资金，尤其是长期资金。

（2）偿债性动机。企业为了偿还某些债务而筹资形成的动机称为偿债性动机，即借新债还旧债。偿债性筹资可分为两种情况：一是调整性偿债筹资，即企业虽有足够的能力支付到期旧债，但为了调整原有的资本结构，仍然举债，从而使资本结构更加合理，这是主动的筹资策略；二是恶化性偿债筹资，即企业现有的支付能力已不足以偿还到期旧债，被迫举债还债，这种情况说明财务状况已有恶化。

（3）混合性动机。企业因同时需要长期资金和现金而形成的筹资动机称为混合性动机。通过混合性筹资，企业既扩大了企业资金规模，又偿还了部分旧债，在这种筹资中混合了扩张性筹资和偿债性筹资两种动机。

2.企业筹资的要求

企业筹资的总体要求是，要分析评价影响筹资的各种因素，讲究筹资的综合效果。具体要求主要有：

（1）合理确定筹资数量，努力提高筹资效果。企业在开展筹资活动之前，应合理确定资金的需要量，并使筹资数量与需要达到平衡，防止筹资不足影响生产经营或筹资过剩降低筹资效果。

（2）认真地选择筹资来源，力求降低资金成本。企业筹资可采用的渠道和方式多种多样，不同筹资的难易程度、资金成本和财务风险各不一样。

（3）适时取得资金来源，保证资金投放需要。筹措取得资金要按照资金的投放使用时间来合理安排，使筹资与用资在时间上相衔接，避免筹取过早造成投用前的闲置或筹取滞后影响投放的有利时机。

（四）资金需要量预测

企业筹集资金首先要对资金需要量进行预测，即对企业未来组织生产经营活动的资金需要量进行预测、估计、分析和判断。由于企业资金主要占用在固定资产和流动资产上，而这两项资产的性质、用途和占用资金的数额都不相同，所以分别测算。在企业正常经营的情况下，主要是对流动资金需要量进行预测。预测的方法通常分为如下两类。

1. 定性预测法

定性预测法是根据调查研究所掌握的情况和数据资料，凭借预测人员的知识和经验，对资金需要量所做的判断。其一般在缺乏完备、准确的历史资料时采用。预测的主要程序是：首先由熟悉企业经营情况和财务情况的专家，根据其经验对未来情况进行分析判断，提出资金需要量的初步意见；然后，再通过各种形式，如信函调查、开座谈会等形式，再参照本地区同类企业情况进行分析判断，最终得出预测结果。

2. 定量预测法

定量预测法是指以资金需要量与有关因素的关系为依据，在掌握大量历史数据资料的基础上，选用一定的数学方法加以计算，并将计算结果作为预测数的一种方法。定量预测法种类很多，如趋势分析法、相关分析法、线性规划法等。

二、资本金制度

（一）建立资本金制度的意义

资本金制度是国家围绕资本金的筹集、管理以及所有者的责权利等方面所做的法律规范。

资本是商品经济高度发达的产物，是企业从事生产经营活动的基本条件，它始终寓于社会再生产的运动之中，并不断实现资本增值。随着我国经济体制改革的深化，外商投资企业、私人企业、股份制经济等发展迅速，这也从客观上要求明确产权关系，加强对资本金的管理。

（二）资本金制度的内容

1. 资本金及其构成

（1）资本金的含义。资本金是指企业在工商行政管理部门登记的注册资金。从性质上看，资本金是投资人投入的资本，是主权资本，不同于债务资金。从目的上看，资本金以追求盈利为目的，不同于非营利性的事业行政单位资金。

在资本金的确定上，主要有三种方法：①实收资本制。在公司成立时，必须确定资本金总额，并一次认足，实收资本与注册资本一致，否则，公司不得成立。②授权资本制。在公司成立时，虽然也要确定资本金总额，但是否一次认足，与公司成立无关，只要缴纳了第一期出资，公司即可以成立，没有缴纳的部分委托董事会在公司成立后进行筹集。③折中资本制。要求公司成立时确定资本金总额，并规定每期出资数额，但对第一期出资额或出资比例，一般要做出限制。

（2）资本金的构成。资本金按照投资主体分为国家资本金、法人资本金、个人资本金以及外商资本金等。

国家资本金是指有权代表国家投资的政府部门或者机构以国有资产投入企业形成的资本金。法人资本金是指其他法人单位包括企业法人和社团法人以其依法可支配的资产投入企业形成的资本金。个人资本金是指社会个人或者本企业内部职工以个人合法财产投入企业形成的资本金。外商资本金是指外国投资者投入企业形成的资本金。

2. 法定资本金

企业设立时必须有法定的资本金。所谓法定资本金是指国家规定的开办企业必须筹集的最低资本金数额。

3. 资本金的筹集方式

（1）货币投资。在注册资本中，投资各方需要投资的货币资金数额，通常取决于投入的实物、专利权、商标权之外，还需要多少资金才能满足建厂和生产经营费用开支。

（2）实物投资。实物投资包括固定资产投资和流动资产投资。①固定资产投资指投资单位以厂房、建筑物、机器设备、仓库运输设备等固定资产作为投资。这种投资的价值一般按投出单位的账面价值作为固定资产的原值，由联营双方按质论价确定的价值作为固定资产的净值，即投资的实际数额。②流动资产投资指投资单位以流动资产对企业的投资，一般是以提供原材料及主要材料、辅助材料或提供劳务等形式作为对企业的投资。这类流动资产投资额的确定与企业流动资产计价方法相同。

（3）专利权、商标权和非专利技术投资。专利权是依法批准的发明人对其发明成果在一定年限内享有独立权、专用权和转让权，任何单位、个人如果需要利用该项专利，必须事先征得专利使用者许可，并付给一定的报酬。商标权是商标经注册后取得的专用权，受法律保护。商标的价值在于它能够使拥有者具有较大的获利能力。按商标法规定，商标可以转让，但受让人应当保证商标的产品质量。商标也是企业出资方式之一。非专利技术即专有技术，或称技术秘密、技术诀窍，指先进的、未公开的、未申请专利的、可以带来经济效益的技术及诀窍，主要包括：工业专有技术，指生产上已经采用，仅限于少数人知道，不享有专利权或发明权的生产、装配、修理、工艺或加工方法的技术知识；商业（贸易）专有技术，指具有保密性质的市场情报、管理方法、培训职工方法等保密知识。

其中应当指出，作为投资的专有技术与应由企业支付的技术转让费是不同的，其他单位可以把专有技术转让给企业使用，向企业分期收取一定的费用，企业支付的这种费用，称为技术转让费。

作为投资者出资的商标权、专利权、非专有技术，必须符合下列条件之一：①能生产市场急需的新产品或出口适销的产品；②能显著改进现有产品的性能、质量，提高生产效率的；③能显著节约原材料、燃料和动力的。

必须指出，投资各方按合同规定向企业认缴的出资，必须是投资者自己所有的货币资产、自己所有并未设立任何担保物权的实物、商标权、专利权、非专利技术等。

（4）土地使用权投资。企业所需场地，应由企业向所在地的市（县）级土地主管部门提出申请，经审查批准后，通过签订合同取得场地使用权。合同应说明场地面积、地点、用途、合同期限、场地使用权的费用（以下简称场地使用费），双方的权利与义务，违反合同的罚款等。

场地使用费标准应根据场地的用途、地理环境条件和合资企业对基础设施的要求等因素，由所在地的省、自治区、直辖市人民政府规定。企业所需土地的使用权，如为某企业所拥有，则该企业可将其作为对新企业的出资，其作价金额应与取得同类土地使用权所缴纳的使用费相同。

土地使用权投资与场地使用费不同，土地使用权投资是对企业的一项投资，是企业的无形资产，其价值分期摊销转作费用。土地使用权投资的价值，一般可按土地面积、使用年限和政府规定的土地使用费标准综合计算，其具体作价应由投资各方协商确定。场地使用费是企业向政府申请使用场地，而按场地面积和政府规定的使用费标准，按期向政府交纳的场地使用费用，是企业的一项费用支出。

4. 验资以及出资证明

投资各方按合同规定缴付出资额后，应由中国注册会计师验证。验资工作应坚持合理合法、平等互利、公正无私和实事求是等原则，维护国家法律和国家主权，维护合营各方的正当权益。

验资工作应以我国有关的法律、财务会计制度、企业协议、合同章程以及企业董事会的决议、会议纪要等文件为依据，具体根据企业的会计凭证、账簿和报表等资料，对投资各方的各项投资进行检查核实。

土地使用权投资，一般在合同中说明使用面积和计算单位，可根据批准的合同进行验证。在验证时，如实际丈量的面积超过合同规定面积，有土地使用证的，以使用证为准；无使用证的，由投资各方协商确定，验证依据以协商后的面积为准。

5. 抽查资本金的期限

资本金可以一次或者分期筹集。企业筹集资本金是一次筹集还是分期筹集，应根据国家有关法律、法规以及合同、章程的规定来确定。

四、筹资方式概述

（一）企业筹资目的

企业设立与正常开展生产经营，必须先筹集资金，筹资是企业资本运作的起点。企业筹资是指企业作为筹资主体，根据其设立、生产经营、对外投资及调整资本结构等需要，通过筹资渠道和金融市场，采取适当的方式，经济有效地获取所需资金的一种行为。

（二）企业筹资的原则

企业筹资是一项重要而复杂的工作，为了有效地筹集企业所需资金，必须遵循以下基本原则。

1. 筹资规模与战略阶段资金需求相一致

企业不同战略阶段的资金需求量不同，企业应结合企业不同发展阶段的科研、生产、经营状况，采用一定的方法，预测资金的需要数量，合理确定筹资规模。

2. 资金及时筹措

企业在筹集资金时必须熟知资金时间价值的原理和计算方法，以便根据资金需求的具体情况，合理安排资金的筹集时间，适时获取所需资金。

3.确认筹资方式

在确定筹资数量、筹资时间、资金来源的基础上，企业在筹资时还必须认真研究各种筹资方式。企业筹集资金必然要付出一定的代价，不同筹资方式下的资金成本有高有低。

4.资金来源合理

不同来源的资金，对企业的收益和成本有不同影响，因此，企业应认真研究资金来源渠道和资金市场，合理选择资金来源。

（三）资金来源与筹资方式

1.资金来源

资金来源是指企业进行生产经营活动所需一切资金的源头，是企业资金运动的起点。

资金来源主要有：政府财政资金、银行信贷资金、其他金融机构资金、其他企业资金、居民个人资金和企业自留资金。

2.筹资方式

筹资方式主要有：吸收直接投资、发行股票、利用留存收益、向银行借款、利用商业信用、发行公司债券和租赁等。

（四）筹资的分类

按筹集资金的来源分为权益筹资与债务筹资。权益筹资是指企业通过吸收直接投资、发行股票、内部积累等方式筹集资金。债务筹资是企业按约定代价和用途取得且需要按期还本付息的方式筹集资金。

按筹集资金期限的长短分为长期筹资与短期筹资。长期筹资是指筹集可供企业长期（一般为1年以上）使用的资金，主要用于企业新产品、新项目的开发与推广，生产规模的扩大，设备的更新与改造等。短期筹资是指期限在1年以下的筹款，是为满足企业临时性流动资金需要而进行的筹资活动。

按是否通过金融中介机构进行分为直接筹资与间接筹资。直接筹资是指拥有暂时闲置资金的单位与需要资金的单位直接进行协议，或通过购买需要资金单位的有价证券向其提供资金。间接筹资是指拥有暂时闲置货币资金的单位通过存款的形式，或者购买银行、信托、保险等金融机构发行的有价证券，将其暂时闲置的资金先行提供给这些金融中介机构，然后再由这些金融中介机构进行贷款、贴现等形式。

按资金是否由企业内部生产经营形成分为内部筹资与外部筹资。内部筹资是指公司经营活动结果产生的资金，即公司内部融通的资金，它主要由留存收益和折旧构成。外部筹资是指来源于企业外部的经济主体的资金。

五、长期、短期负债筹资

（一）长期借款的种类

1. 按照用途分类

按照用途可分为基本建设贷款、技术改造贷款、科技开发项目贷款和其他项目贷款。

2. 按有无担保分类

按有无担保可分为信用贷款和抵押贷款。

（二）长期借款的程序

1. 企业提出申请

企业申请借款必须符合贷款原则和条件，并提供以下资料：书面借款申请；项目可行性研究报告或项目建议书；能够证明企业生产经营、管理情况的基础性资料；经有关部门审计的财务报告及生产经营情况资料；其他。

2. 金融机构进行审批

银行接到企业的申请后，要对企业的申请进行审查，以决定是否对企业提供贷款。这一般包括以下几个方面：

（1）对借款人的信用等级进行评估。

（2）进行相关调查。贷款人受理借款人的申请后，应当对借款人的信用及借款的合法性、安全性和营利性等情况进行调查，核实抵押物、保证人情况，测定贷款的风险。

（3）贷款审批。

3. 签订借款合同

借款合同，是规定借贷各方权利和义务的契约，其内容分基本条款和限制条款，限制条款又有一般性限制条款、例行性限制条款和特殊性限制条款之分。基本条款是借款合同必须具备的条款。限制条款是为了降低贷款机构的贷款风险而对借款企业提出的限制性要求。

借款合同的例行性限制条款包括：企业定期向贷款机构报送财务报表、企业不准在正常情况下出售大量资产、企业要及时偿付到期债务、禁止企业贴现应收票据或转让应收账款、禁止以资产作其他承诺的担保或抵押等。

4. 企业取得借款

双方签订借款合同后，贷款银行按合同的规定按期发放贷款，企业便可取得相应的资金。贷款人不按合同约定按期发放贷款的，应偿付违约金。借款人不按合同的约定用款的，也应偿付违约金。

5. 企业偿还贷款

企业应按借款合同的规定按时足额归还本息。如果企业不能按期归还借款，应在借款到期之前，向银行申请贷款展期，但是否展期，由贷款银行根据具体情况决定。

（三）长期借款筹资的优缺点

1. 优点

（1）筹资速度快。发行各种证券筹集长期资金所需时间一般较长。证券发行的准备工作，以及证券的发行都需要一定时间。而向银行借款与发行证券相比，一般所需时间较短，可以迅速地获取资金。

（2）借款弹性较大。企业与银行可以直接接触，可通过直接商谈，来确定借款的时间、数量和利息。在借款期间，如果企业情况发生了变化，也可与银行进行协商，修改借款的数量和条件。

（3）借款成本较低。利用银行借款所支付的利息比发行债券所支付的利息低。另外，也无须支付大量的发行费用。

（4）可以发挥财务杠杆的作用。不论公司赚钱多少，银行只按借款合同收取利息，在投资报酬率大于借款利率的情况下，企业所有者将会因财务杠杆的作用而得到更多的收益。

2. 缺点

（1）筹资风险较高。企业举债长期借款，必须定期还本付息，在经营不利的情况下，可能会产生不能偿付的风险，甚至会导致破产。

（2）限制性条款比较多。企业与银行签订的借款合同中，一般都有一些限制条款，如：定期报送有关报表、不改变借款用途等，这些条款可能会限制企业的经营活动。

（3）筹资数量有限。银行一般不愿借出巨额的长期借款。因此，利用银行借款筹资都有一定的上限。

（四）短期借款

短期借款，是指企业向银行和其他非银行金融机构借入的期限在一年以内的借款。主要用于企业正常生产经营周转和临时性资金需要。

1. 短期借款的种类

短期借款主要有生产周转借款、临时借款、结算借款等。按照国际通行做法，短期借款还可依偿还方式的不同，分为一次性偿还借款和分期偿还借款；依利息支付方法的不同，分为收款法借款、贴现法借款和加息法借款；依有无担保，分为抵押借款和信用借款。

2. 短期借款的信用条件

按照国际惯例，银行发放短期贷款时，主要信用条件包括以下内容。

（1）信贷额度。信贷额度亦即贷款限额，是借款人与银行在协议中规定的允许借款人借款的最高限额。银行不会承担法律责任。

（2）周转信贷协定。周转信贷协定是银行从法律上承诺向企业提供不超过某一最高限额的贷款协定，在协定的有效期内，只要企业借款总额未超过最高限额，银行必须满足企业任何时候提出的借款要求。企业享用周转信贷协定，通常要就贷款限额的未使用部分付给银行一笔承诺费。

（3）补偿性余额。补偿性余额是银行要求借款人在银行中保持按贷款限额或名义借款额的一定百分比计算的最低存款余额。对于借款企业来讲，补偿性余额提高了借款的实际利率。

（4）借款抵押。银行向财务风险较大、信誉不好的企业发放贷款，往往需要有抵押品担保，以减小自己蒙受损失的风险。借款的抵押品通常是借款企业的办公楼、厂房等。

（5）偿还条件。无论何种借款，银行一般都会规定还款的期限。根据我国金融制度的规定，贷款到期后仍无能力偿还的，视为逾期贷款，银行要照章加收逾期罚息。

（6）以实际交易为货款条件。当企业发生经营性临时资金需求，向银行申请贷款以求解决时，银行则以企业将要进行的实际交易为贷款基础，单独立项，单独审批，最后做出决定并确定贷款的相应条件和信用保证。

（五）短期借款筹资的优缺点

1. 优点

（1）筹资速度快。企业获得短期借款所需时间要比长期借款短得多，因为银行发放长期贷款前，通常要对企业进行比较全面的调查分析，花费时间较长。

（2）筹资弹性大。短期借款数额及借款时间弹性较大，企业可在需要资金时借入，在资金充裕时还款，便于企业灵活安排。

2.缺点

（1）筹资风险大。短期资金的偿还期短，在筹资数额较大的情况下，如企业资金调动不周，就有可能出现无力按期偿付本金和利息，甚至被迫破产。

（2）与其他短期筹资方式相比，资本成本较高，尤其是存在补偿性余额和附加利率情况下，实际利率通常高于名义利率。

第二节　流动资产投资管理

一、现金管理

现金是流动性最强的资产，包括库存现金、银行存款、银行本票和银行汇票等。拥有足够的现金对降低企业财务风险，增强企业资金的流动性具有十分重要的意义。

（一）现金管理的目的和内容

为了说明现金管理的目的和内容，必须了解企业持有现金的动机。

1.企业持有现金的动机

企业持有现金的动机主要有以下三个方面：

（1）支付的动机。支付的动机是指企业需要现金支付日常业务开支。它包括材料采购、支付工资、缴纳税款等。尽管企业平时也会从业务收入中取得现金，但很难做到收入和付出在数量和时间上那么协调。

（2）预防的动机。预防的动机是指企业持有现金以备意外事项之需。日常经营活动受价格高低、应收账款不能按期收回等多种因素的影响，现金流量难以准确测算，因此持有一定数量的现金以防不测。一般说来，经营风险越大或销售收入变动幅度越大的企业，现金流量难以把握的程度越大，其预防性现金持有量应越多。

（3）投机的动机。投机的动机是指企业持有现金，以便当证券价格剧烈波动时，从事投机活动，从中获得收益。当预期利率上升，有价证券的价格将要下跌时，投机的动机就会鼓励企业暂时持有现金，直到利率停止上升为止。当预期利率将要下降，有价证券的价格将要上升时，企业可能会将现金投资于有价证券，以便从有价证券价格的上升中得到收益。

2. 现金管理的目的

现金管理的目的，是在保证企业生产经营所需现金的同时，节约使用资金，并从暂时闲置的现金中获得最多的利息收入。企业的库存现金没有收益，银行存款的利息率也远远低于企业的资金利润率。现金结余过多，会降低企业的收益；但现金太少，又可能会出现现金短缺，影响生产经营活动。

3. 现金管理的内容

现金管理的内容包括：

（1）编制现金收支预算，以便合理地估计未来的现金需求。

（2）用特定的方法确定理想的现金余额，当企业实际的现金余额与理想的现金余额不一致时，采用短期融资策略或采用归还借款和投资于有价证券等策略来达到理想状况。

（3）对日常的现金收支进行管理，力求加速现金周转速度，提高现金的使用效率。

（二）现金最佳持有量的确定

现金是一种流动性最强的资产，又是一种营利性最差的资产。现金过多，会使企业盈利水平下降，而现金太少，又有可能出现现金短缺，影响生产经营。在现金余额问题上，存在风险与报酬的权衡问题。现结合我国实际情况，介绍最常用的几种方法。

1. 成本分析模式

成本分析模式是通过分析持有现金的成本，寻找使现有成本最低的现金持有量。

企业持有的现金，将会有三种成本：

（1）资本成本（机会成本）。现金作为企业的一项资金占用，是有代价的，这种代价就是它的资本成本。假定某企业的资本成本率为10%，年均持有50万元的现金，则该企业每年现金的资本成本为5万元。现金持有额越大，资本成本越高。企业为了经营业务，需要拥有一定的资金，付出相应的资本成本代价是必要的，但现金存量过多，资本成本代价大幅度上升，就不合算了。

（2）管理成本。现金管理成本是指对企业置存的现金资产进行管理而支付的代价。

如建立完整的企业现金管理内部控制制度，制定各种现金收支规定和现金预算执行的具体办法等，它包括支付给具体现金管理人员的工资费用和各种安全措施费等。

（3）短缺成本。短缺成本是指企业由于缺乏必要的现金，而不能应付必要的业务开支使企业承受的损失。现金的短缺成本一般有如下三种：①丧失购买能力的成本。这主要是指企业由于缺乏现金而不能及时购买原材料等生产必要物资，而使企业正常生产不能得以维持的代价。这种代价虽然不能明确测定，一旦发生，则会给企业造成很大的损失。②信用损失和得到折扣好处成本。首先是指企业由于现金短缺而不能按时付款，因而失信于供货单位，造成企业信誉和形象的下降，损失是长久和潜在的。其次是指如果企业缺乏现金，不能在供货方提供的现金折扣期内付款，丧失享受现金折扣优惠的好处，而相应提高了购货成本的代价。③丧失偿债能力的成本。这是指企业由于现金严重短缺而根本无力在近期内偿还各种负债而给企业带来重大损失的成本。由于现金短缺而造成企业财务危机，甚至导致破产清算的先例举不胜举，在所有现金短缺成本中，此项成本可能对企业造成致命的影响。

2. 存货模式

存货模式的基本原理是将企业现金持有量和有价证券联系起来衡量，即将现金的持有成本同转换有价证券的成本进行权衡，以求得二者相加总成本最低时的现金余额，从而得出最佳现金持有量。

使用存货模式时，先是建立在一个假定条件之上，即企业在一定时期内现金的流出与流入量均可预测。企业期初持有一定量的现金，若每天平均流出量大于流入量，到一定时间后现金的余额降至零时，企业就得出售有价证券进行补充，使下一周期的期初现金余额恢复到最高点，而后这笔资金再供生产逐渐支用，待其余额降至零后又进行补充，如此周而复始。

如前所述，当企业持有的现金趋于零时，就需要将有价证券转换为现金，用于日常开支。但转换有价证券需要支付诸如经纪费用等固定成本。一定时期内变换有价证券的次数越多，其固定成本就越高。当然，企业置存现金也要付出一定代价，因为保留现金意味着放弃了投资于有价证券而产生的利息收益机会。一般地说，在有价证券收益率不变的条件下，保持现金的余额越多，形成的机会成本越大。

存货模式确定最佳现金持有量是建立在未来期间现金流量稳定均衡且呈周期性变化的基础上的。而在实际工作中，企业要准确预测现金流量，往往是不易做到的。通常可以这样处理：在预测值与实际发生值相差不是太大时，实际持有量可在上述公式确定的最佳现金持有量基础上，稍微再提高一些即可。

3. 随机模式

随机模式是适用于企业未来的现金流量呈不规则地波动、无法准确预测的情况下采用的一种控制模式。这种方法的基本原则是制订一个现金控制区域，定出上限和下限。上限代表现金持有量的最高点，下限代表最低点。当现金余额达到上限时则将现金转换成有价证券。

（三）现金收支管理

在现金管理中，企业除合理编制现金收支预算和确定最佳现金余额外，还必须进行现金收支的日常控制。

1. 加速收款

（1）集中银行。集中银行是指通过设立多个策略性的收款中心来代替通常在公司总部设立的单一收款中心，以加速账款回收的一种方法。其目的是缩短从顾客寄出账款到现金收入企业账户这一过程的时间。具体做法是：企业销售商品时，由各地分设的收款中心开出账单，当地客户收到销售企业的账单后，直接汇款或邮寄支票给当地的收款中心，中心收款后立即存入当地银行或委托当地银行办理支票兑现；当地银行在进行票据交换处理后立即转给企业总部所在地银行。

应用集中银行的优点表现在两个方面：第一是缩短了账单和支票的往返邮寄时间。这是因为账单由客户所在地的收款中心开出，并寄给当地客户，所需的时间明显小于直接从企业所在地邮寄账单给客户的时间；同时，客户付款的支票邮寄到离它最近的收款中心的时间也比直接邮寄到企业所在地的时间短。第二是缩短支票兑现所需的时间。这是因为各地收款中心收到客户的支票并交当地银行，企业就可向该地银行支取使用。采用这种方法也有不足之处，每个收款中心的地方银行账户应保持一定的存款余额，开设的中心越多，这部分"冻结资金"的机会成本也就越大。另外，设立收款中心需要一定的人力和物力，花费较多。这些都是财务主管在决定采用集中银行时必须考虑到的。

（2）锁箱系统。锁箱系统是通过承租多个邮政信箱，以缩短从收到顾客付款到存入当地银行的时间的一种现金管理办法。具体做法是：企业对客户开出发票、账单，通知客户将款项寄到当地专用的邮政信箱，并直接委托企业在当地的开户银行每日开启信箱，以便及时取出客户支票立即予以登记、办理票据交换手续并存入该企业账户。当地银行依约定期向企业划款并提供收款记录。采用锁箱系统的优点是：比集中银行的做法更能缩短企业办理收款、存储手续的时间，即公司从收到支票到这些支票完全存入银行之间的时间差距消除了。不足之处是需要支付额外的费用。银行提供多项服务要求有相应的报酬，这种费用支出一般说来与存入支票张数成一定比例。所以，如果平均汇款数额较小，采用锁箱系统并不一定有利。

2. 控制现金支出

（1）使用现金浮游量。所谓"浮游量"，是指企业从银行存款账户上开出的支票总额超过其银行存款账户的余额。出现现金浮游的主要原因是：从企业开出发票、收款人收到支票并将其送交银行，甚至银行办理完款项的划转，通常需要一定的时间。在这段时间里，企业已开出支票却仍可动用银行存款账上的这笔资金，以达到充分利用现金之目的。企业使用现金浮游量应谨慎行事，要预先估计好这一差额并控制使用的时间，否则会发生银行存款的透支。

（2）延缓应付款的支付。企业在不影响自己信誉的前提下，应尽可能地推迟应付款的支付期，充分运用供应商所提供的信用优惠。例如：企业在采购材料时，其付款条件为开票后10天内偿付，可享受现金折扣2%，30天内则按发票金额付款。企业应安排在开票后第10天付款，这样既可最大限度地利用现金，又可享受现金折扣。如果企业确实急需资金，或短期调度资金需要花费较大代价，也可放弃折扣优惠，当然，应在信用期的最后一天支付款项。

此外，企业还可以利用汇票这一结算方式来延续现金支出的时间。因为汇票和支票不同，不能见票即付，还需由银行经购货单位承兑后方能付现，故企业的银行存款实际支付的时间迟于开出汇票的时间。

二、应收账款管理

应收账款是企业因对外销售产品、材料、提供服务等而应向购货或接受服务单位收取的款项。应收账款的存在是企业采取赊销和分期付款方式引起的，其产生的原因一是适应市场竞争的需要；二是销售和收款实际时间上的差异。

（一）应收账款的成本与管理目标

企业运用应收账款的商业信用与持有现金一样是有代价的，表现为机会成本、管理成本、坏账损失成本、短缺成本。

1. 机会成本

企业为了扩大销售而采取信用政策，这意味着有一部分销货款不能及时收回，要相应为客户垫付一笔相当数量的资金，这笔资金也就丧失了投资获利的机会，便产生了应收账款的机会成本。

2. 管理成本

为管理应收账款所花费的一切费用开支，主要包括客户的信誉情况调查费用、账户的记录和保管费用、应收账款费用、收集与整理各种信用费用等。

3. 坏账损失成本

由于各种原因，应收账款总有一部分不能收回，这就是坏账损失成本，它一般与应收账款的数量成正比关系。

4. 短缺成本

企业不能向某些信誉好的客户提供信用，而这些客户转向其他企业，使本企业销售收入下降，这种潜在的销售收入损失称为短缺成本。

（二）信用政策

提高应收账款投资效益的重要前提是制定合理的信用政策。信用政策是应收账款的管理政策，即企业为对应收账款投资进行规划与控制而确立的基本原则与行为规范，包括信用标准、信用条件和收账策略三个方面内容。

1. 信用标准

信用标准是指企业同意顾客要求而在销售业务中给予一定付款宽限期，这种商业信用的最低标准，通常以预期的坏账损失率表示。这项标准的确定，主要是根据本企业的实际经营情况，市场当时竞争的激烈程度和客户的信誉等情况综合因素来制定。

（1）信用标准的定性评估。对于信用标准的评估一般可从质与量两个方面来进行。信用标准质的衡量往往比量的衡量更为重要，因为一个客户信用品质如何是其以往从商信誉的集中体现，它能综合地反映某一顾客承付货款的履约程度，这对于确定合适的信用标准是至关重要的。客户资信程度的高低通常决定于五个方面，即品德、能力、资本、担保、条件，简称5C系统。

①品德。指客户履约或赖账的可能性。由于信用交易归根结底是对付款的承诺与履行，因而品德也可指客户承诺责任、履行偿债的一种诚意。

②能力。客户付款能力的高低。一般根据客户流动资产的数量、质量及其与流动负债的结构关系来进行判断。

③资本。资本（特别是有形资产净值与留存收益）反映了客户的经济实力与财务状况的优劣，是客户偿付债务的最终保障。

④担保。指客户所能提供的作为债务安全保障的资产。

⑤条件。指可能影响客户目前付款能力的经济环境。

上述五种信用状况，可通过查阅客户的财务报告资料或通过银行提供的客户信用资料取得；也可通过与同一客户有信用关系的其他企业相互交换该客户的信用资料（如付款记录、信用金额、往来时间等），或从企业自身的经验与其他途径取得；还可通过商业代理机构或征信调查机构提取的信息资料及信用等级标准而取得有关资料。

（2）信用标准的定量评估。信用标准的定量评估，可以通过设定信用标准来进行。设定信用标准是依客户的具体信用资料，以若干个具有代表性、能说明企业偿付能力和财务状况的指标作为信用标准确定的指标，并以此作为给予或拒绝客户信用的依据。

2. 信用条件

信用标准是企业评价客户信用等级，决定给予或拒绝客户信用的依据。而信用条件是指企业要求客户支付赊销款的条件，主要包括信用期限、折扣期限和现金折扣等，它规定若客户能够在发票开出后的10日内付款，可以享受2%的现金折扣；如果放弃折扣优惠，则全部款项必须在30日内付清。在此，30日为信用期限，10日为折扣期限，2%为现金折扣（率）。

（1）信用期限。是企业向客户提供赊账的最长期限。一般而言，信用期限过长，对扩大销售具有刺激作用，但会为企业带来坏账损失，使被占用资金的机会成本和收账费用增大。因此，企业必须慎重研究，规定出恰当的信用期。

（2）折扣期限与现金折扣。在企业延长信用期限后，便会使应收账款多占用资金。为了加速资金的回收与周转，减少坏账损失，企业往往可采用向客户提供现金折扣的办法，来吸引客户为享受优惠而提前付款，缩短企业的平均收款期。另外，现金折扣也能招揽一些视折扣为减价出售的客户前来购货，借此扩大销售量。现金折扣率的大小往往与折扣期联系在一起。折扣率越大，则折扣期限（付款期限）就越短，反之亦然。

（3）收账政策。企业对不同过期账款的收款方式，包括准备为此付出的代价，就是它的收账政策。如对短期拖欠款户，可采用以书信形式婉转地催讨账款；对较长期的拖欠户，可采用频繁的信件手段和电话催询长期拖欠户，可在必要时运用法律手段加以解决。

企业在制定应收账款政策时，应明确以下几个问题：

①收账成本与坏账损失的关系。企业花费的收账成本越高，应收账款被拒付的可能性

就越小，企业可能遭受的坏账损失也就越小。但是，收账成本与坏账损失之间并不存在线性关系。当企业刚开始发生一些收账成本时，应收账款的坏账损失有小部分降低；随着收账成本的继续增加，应收账款被拒付的可能性明显减少；当收账成本的增加一旦越过某个限度，则追加的收账成本对进一步减少坏账损失的作用便呈减弱的趋势，因为总会有一些客户由于种种原因而拒付货款。

②收账成本与期望收回的应收账款之间的关系。只有当预期收回应收账款的收益大于企业所支付的收账成本时，企业才有必要付出代价收取应收账款。

（三）应收账款的日常管理

企业对于已经发生的应收账款，还应进一步强化日常管理工作，采取有力的措施进行分析、控制，及时发现问题，提前采取相应对策。这些措施主要包括对应收账款进行追踪分析、账龄分析、收现率分析和应收账款坏账准备制度。

账龄分析可通过编制分析表的形式进行，企业按某一时点，将所发生在外的各笔应收账款按照开票日期进行归类（即确定账龄），并计算出各账龄应收账款的余额占总计余额的比重。

三、存货管理

存货是企业在生产经营中为销售或者生产耗用而储存的各种资产，包括商品、产成品、半成品、在产品及各类材料、燃料、包装物、低值易耗品等。作为联系商品的生产与销售的重要环节，存货控制或管理效率的高低，直接反映并决定着企业收益、风险、资产流动性的综合水平，因而存货管理对保证企业生产正常进行，满足市场销售的需要，保持均衡生产，降低生产成本，预防意外事故的发生起着非常重要的作用。

（一）存货管理目标

企业出于保证生产或销售的经营需要和出自价格的考虑，必须储备一定量的存货。企业各个部门人员对存货储存有着不同的观点。

采购人员希望能大批量采购存货，以便取得价格优惠并可节约运费。他们还希望尽可能提早采购，以减少紧急订货造成额外支出，避免中断供应而受到各方面的指责。

生产人员希望能大批量、均衡而且稳定地进行生产。经常改换品种，势必加大成本，降低生产效率。每个品种的大批量生产，将使平均存货水平上升。

销售人员希望本企业有大量存货，这样不仅可以改进市场上的竞争能力，而且现货交易有利于扩大销售额。他们还希望存货的品种齐全，或者生产部门能按客户要求及时改换品种，而不管批量多么小。

针对上述特点，企业存货既要保证生产、保证销售等功能的充分发挥，使生产经营活动得以顺利进行，又要有利于降低存货成本、减少企业流动资产占用、提高资金的使用效果。这样企业存货管理的目标就是在存货的成本与收益之间进行利弊权衡，实现二者的最佳组合。

（二）存货成本

存货成本是企业为了存储存货而发生的各种支出，包括以下三种：

1. 进货成本

进货成本主要由存货的进价成本、进货费用及采购税金（如增值税的进项税额、进口原材料的关税）三方面构成。这里设物价与税率不变且无采购数量折扣，这样采购税金总计数就保持相对稳定，属决策无关成本。

（1）进价成本。指存货本身的价值，常用数量与单价的乘积来确定。每年需用量用D表示，单价用U表示，于是进价成本为DU。

（2）进货费用。企业为组织进货而发生的各种费用，一是与进货次数有关的费用，如差旅费、邮资、电报电话费等，称为进货变动费用；二是与订货次数无关的费用，如常设采购机构的基本开支，称为进货的固定费用（用F1表示）。每次进货的变动费用用K表示，而订货次数等于存货年需用量（D）与每次进货批量（Q）之商。

（3）采购税金。采购税金指国营、集体收购单位在采购应税农、林、牧、水产品时所缴纳的产品税税金。它根据收购应税产品所支付的金额和规定的税率计算缴纳。收购单位采购应税农、林、牧、水产品所缴纳的采购税金，应作为该产品进价的组成部分。它通常采用两种核算方法：①直接计入应税农、林、牧、水产品成本，即在收购应税农、林、牧、水产品时，将应纳税金连同收购金额一并计入进价，在该种产品明细帐登记。②在"库存商品"帐户下设"税金"专户，汇总计算应纳税金，集中转入该帐户。月终，再计算已销农、林、牧、水产品应负担的税金，从"库存商品——税金"专户转入"营业成本"帐户。

2. 储存成本

储存成本是企业储存存货而发生的各种支出，包括存货占用资金的利息支出、仓库费用、保险费用、存货破损和变质损失等。

储存成本一是与存货数量多少无关的储存成本，如仓库折旧额，仓库职工的固定工资等，称为储存固定成本；二是与存货数量多少有关的储存成本，如存货资金的应计利息、存货的破损与变质损失、保险费用等，称为储存变动成本。

第三节　销售收入与利润管理

一、销售收入管理

（一）销售收入管理概述

1. 销售收入的概念及组成

在商品经济条件下，企业生产产品的目的不是为了自己消费，而是为了对外出售。企业在一定时期因销售产品或对外提供劳务所获取的收入就是销售收入，包括产品销售收入和其他业务收入。

（1）产品销售收入。产品销售收入是企业生产经营活动的主要收入，在整个企业销售收入中占有最大比重，是销售收入管理的重点。工业企业的产品销售收入包括销售产成品、自制半成品和工业性劳务等取得的收入。

产品销售收入的实现不受销售对象的限制，企业的产品销售收入除包括对企业以外的其他单位销售产品取得的收入外，还应包括对企业内部非生产部门等销售商品产品取得的收入。

（2）其他业务收入。其他业务收入是指企业从产品销售业务以外的其他销售或其他业务所取得的收入，包括材料销售、固定资产出租、包装物出租、外购商品销售、运输业务、无形资产转让、提供非工业性劳务等取得的收入。

2. 销售收入的确认

销售收入的确认是销售收入管理的重要内容，它直接影响到纳税时间的确定和利润的计算。正确确认销售收入的实现，对于处理好国家与企业的分配关系，保证国家的财政收入，正确评价企业的经营成果和经济效益，具有十分重要的意义。

根据相关规定，企业应于产品已经发出，劳务已经提供，同时收讫价款或取得收取价款的凭据时，确认销售收入的实现。按照权责发生制原则，销售收入的实现主要有两个标志：第一，物权的转移，即产品已经发出，劳务已经提供。第二，货款已经收到或取得收取货款的权利，即企业已将发票账单提交对方或已向银行办妥托收手续，从而取得了收款权利。

企业按上述要求确认的销售收入，不是销售净收入。因为，在实际业务中存在着销售退回、销售折让、销售折扣等事项。根据规定，企业在销售业务中发生的销售退回、销售折让和销售折扣等，应冲减当期销售收入。

销售退回是指企业已销产品，因质量或品种规格等不符合合同或有关规定的要求，由购买方全部或部分退回企业的事项。销售折让是指企业已销产品，因种种原因达不到规定要求，诸如发现外观破损等，经过协商，在价格上给购买方以折让的事项。对于销售退回和销售折让，企业应及时查明原因和责任，冲减销售收入。

销售折扣，是企业为鼓励消费者或用户多购、早付款而采取的一种促销措施。销售折扣常见的有现金折扣、数量折扣、季节折扣等方式。

（1）现金折扣。现金折扣是指企业为鼓励购买者在一定期限内早日偿还货款而实行的一种减价。

（2）数量折扣。数量折扣是指企业为鼓励购买者多买而给大量购买者的一种减价，即买得越多，价格越便宜。

（3）季节折扣。季节折扣是指生产经营季节性产品的企业给购买过季产品的购买者的一种减价。

3. 销售收入管理的意义

销售收入是企业的重要财务指标，是企业生产成果的货币表示。加强销售业务管理，及时取得销售收入，对国家和企业都具有十分重要的意义。

（1）加强销售管理，及时取得销售收入，是保证企业再生产过程顺利进行的重要条件。在市场经济条件下，企业作为自主经营、自负盈亏的经济实体，要以自己的收入补偿自己的支出。工业企业的再生产过程包括供应、生产和销售三个环节。企业只有将生产的产品在市场销售给消费者和用户，并及时收回货款，再生产才能顺利进行。

（2）加强销售管理，及时取得销售收入，才能满足国家建设和人民生活的需要。在市场经济条件下，企业生产的目的是为了满足社会需要，并以收抵支，取得盈利。企业将产品生产出来，还未达到此目的，只有将已经生产出来的产品及时销售出去，才能证明企业生产的产品是社会所需要的，才能尽快满足国家经济建设和人民生活的需要。

（3）加强销售管理，及时取得销售收入，是企业实现纯收入，完成上缴财政任务，扩大企业积累的前提。企业取得的销售收入，扣减生产经营过程中的耗费，剩下的就是企业的纯收入，包括税金和利润两部分。企业将税金和利润的一部分上缴财政，其余按规定顺序进行分配。

（二）销售价格的管理

销售收入是销售数量和销售单价的乘积。在销售数量既定的前提下，销售价格是影响销售收入的决定性因素，因此，销售价格的管理是销售收入管理的重要内容。

1. 产品价格的概念

产品价格是产品价值的货币表现，它包括物化劳动转移的价值和活劳动新创造的价值。产品价值的大小取决于生产该种产品的社会必要劳动量。

产品价值从构成上看，可以分为三个部分，一是已消耗的生产资料转移的价值，用c表示；二是生产者为自己劳动所创造的价值，用v表示；三是生产者为社会劳动所创造的价值，用m表示。产品价值w可以用下面的公式表述：

$$w＝c+v+m$$

2. 工业品价格体系及构成

我国现行工业品价格体系，按产品在流通过程中经过的主要环节，一般分为出厂价格、批发价格和零售价格三种。

（1）出厂价格。出厂价格是生产企业出售给商业批发企业，或其他企业所采用的价格，是其他价格形式的基础。

（2）批发价格。批发价格是批发企业对零售企业或大宗购买单位出售产品时所采用的价格，是确定零售价格的基础。

（3）零售价格。零售价格是零售企业向消费者或用户出售产品所采用的价格，是产品在流通过程中最后一道环节的价格。

从工业品价格体系及其构成不难看出，工业品的出厂价格是整个工业品价格构成的基础，对批发价格、零售价格有决定性的影响。

3. 出厂价格的制订

（1）工业品出厂价格的制订，在遵守国家物价政策的前提下，应综合考虑以下几个因素：①产品价值。价格是价值的货币表现，产品价格的制订应以价值为基础，基本符合其价值。只有这样，企业在正常生产经营条件下，才能补偿生产耗费，完成上缴财政任务，满足自我积累和扩大再生产的需要。②供求关系。价格围绕价值上下波动主要受供求关系的影响。当产品供不应求时，价格会上涨，刺激生产，限制消费；当产品供过于求时，价格会下跌，刺激消费，限制生产。③其他因素。企业在制订产品价格时，除应考虑产品价值、供求关系这两个基本因素外，还应考虑各产品之间的比价、分销渠道、消费者心理，以及质量差价、季节差价、环节差价等因素，使产品价格趋于合理。

（2）工业品出厂价格的定价方法多种多样，常见的有以下几种。

①成本外加法。成本外加法是指以产品成本费用（包括制造成本和期间费用）为基础，再加上一定的销售税金和利润，以此确定产品出厂价格的方法。其计算公式为：

$$出厂价格 = 单位产品成本费用 + 单位产品利润 + 单位产品销售税金$$

②反向定价法。反向定价法又称销价倒扣法，它是以零售价格为基础，以批零差价、进批差价为依据，反向计算产品出厂价格的一种方法。其计算公式为：

$$批发价格 = 零售价格 \times （1-批零差率）$$

$$出厂价格 = 批发价格 \times （1-进批差率）$$

③心理定价法。心理定价法是指根据消费者和用户购买产品时心理状态来确定产品价格的方法，如某些名牌产品的定价可以远远高于其他同类产品。这样既满足了消费者追求名牌的心理需要，又可以使企业增加盈利。

产品价格的制订，除上述四种方法外，还有创利额定价法、比较定价法、取消定价法等。总之，随着市场经济的进一步发展，企业定价权的扩大，企业应遵循价值规律的要求，综合考虑各方面的因素，选择恰当的定价方法，制订出合理的产品价格，以达到扩大销售、增加盈利的目的。

（三）销售收入的管理

1.产品销售预测

产品销售预测是指企业根据销售情况，结合对市场未来需求的调查，运用科学的方法，对未来时期产品的销售量和销售收入所进行的测算和推断。

产品销售预测的方法很多，大致可归纳为经验判断法和数学分析法两类。

经验判断法是指利用人们的实践经验，通过分析判断，从而对企业未来的销售发展趋势进行预测的方法。常见的有专家调查法、集合意见法、调查分析法等。这类方法简便易行，主要用于缺乏资料情况下的中长期预测。

数学分析法是根据企业销售的历史资料，通过运用一定的数学方法，对企业未来的销售发展趋势进行预测的方法。常见的有时间序列法、回归分析法、量本利分析法等。

（1）时间序列法。时间序列法是指按照时间顺序，通过对过去几期销售数据的计算分析，确定未来时期销售预测值的方法，包括简单平均法、移动平均法、指数平滑法等。

①简单平均法。简单平均法是指将企业过去几期的实际销售数据之和除以期数而求得预测值的方法。

②加权平均法。加权平均法是指根据各期实际销售量对销售预测值的影响程度，分别给予不同的权数，然后求出加权平均数，并以此作为销售预测值的方法。

③移动平均法。移动平均法是指从销售时间序列数据中选取一组数据求其平均值，逐步移动，以接近预测期的平均值为基数，考虑发展趋势加以修正，从而确定销售预测值的方法。

（2）回归分析法。回归分析法是指根据销售变动趋势，建立回归方程，通过解回归方程求得销售预测值的方法。此法适用于销售量直线上升的企业。

（3）量本利分析法。量本利分析法是指利用销售量、成本与利润三者的内在联系，在已知产品成本的前提下，根据目标利润的要求来预测销售量的方法。

2. 销售收入的日常管理

（1）按需组织生产，做好广告宣传工作。企业的产品，只有符合社会需要，质量上乘，品种规格齐全，价格合理，受广大消费者和用户欢迎，才能销售出去，迅速实现销售收入。因此，企业必须十分重视市场调查和预测，按社会需要组织生产，研究开发新产品，不断提高产品质量，努力降低产品成本，向市场提供适销对路、物美价廉的产品。

（2）加强销售合同管理，认真签订和执行销售合同。经济合同是法人之间为实现一定经济目的，明确相互权利和义务而订立的协议。企业现今的产品销售，大都是通过销售合同来实现的。因此，企业财务部门应积极协助销售部门加强销售合同管理，认真签订和执行销售合同，以确保销售收入的实现。首先，企业要根据生产情况及时与购买单位签订销售合同，明确规定销售产品的品种、数量、规格、价格、交货日期、交货地点、结算方式以及违约责任。其次，加强库存产品的保管，及时按合同要求进行选配、包装，搞好发运工作。

（3）做好结算工作，及时收回货款。产品销售包含两层含义：①向购买者发出产品。②向购买者收取货款。有鉴于此，企业既应重视产品的发出，更应关心货款的收回。首先，企业应从既要有利于销售产品，又要有利于及时收回货款的原则出发，正确选择结算方式。其次，在托收承付结算方式下，企业发货后应尽快从有关部门取得发货和运输凭证，向银行办妥托收手续、监察督促购货单位按期付款。③对逾期未收回的账款，应及时查明原因，分情况妥善处理。

（4）做好售后服务工作，为今后进一步扩大销售奠定基础。企业应树立对消费者和用户负责的观念，在产品售出后，做好售后服务工作。诸如为消费者和用户免费安装调试产品，提供配件、备件，建立维修网络，坚持上门服务，及时检修和排除故障，以及采取包修、包退、包换等措施。良好的售后服务，有助于解除消费者和用户的后顾之忧，树立良好的企业形象，提高产品声誉，增强竞争能力，为今后进一步扩大销售、增加盈利奠定基础。

二、利润管理概述

（一）利润的构成

利润是指企业在一定会计期间的经营成果，包括营业利润、利润总额和净利润。它是衡量企业生产经营管理水平的重要综合指标。利润总额若为正数，则表示盈利；若为负数，则表示亏损。

利润总额=营业利润+投资收益+补贴收入+营业外收入–营业外支出

1. 营业利润

营业利润是指主营业务收入减去主营业务成本和主营业务税金及附加，加上其他业务利润，减去营业费用、管理费用和财务费用等项目后的金额。

营业利润=主营业务利润+其他业务利润–营业费用–管理费用–财务费用

其中：

主营业务利润=主营业务收入–主营业务成本–主营业务税金及附加

其他业务利润=其他业务收入–其他业务支出

2. 投资收益

投资收益包括对外投资分得的利润、股利和债券利息，投资到期收回或者中途转让取得款项高于账面价值的差额，以及按照权益法核算的股权投资在被投资单位增加的净资产中所拥有的数额等。

投资损失包括对外投资到期收回或者中途转让取得款项低于账面价值的差额，以及按照权益法核算的股权投资在被投资单位减少的净资产中所分担的数额等。

3. 补贴收入

补贴收入是指企业按规定实际收到的返还的增值税，或按销量或工作量等依据国家规定的补助定额计算并按期给予的定额补贴，以及属于国家财政扶持的领域而给予的其他形式的补贴。

4. 营业外收入与营业外支出

企业的营业外收入和营业外支出是指企业发生的与其生产经营活动无直接关系的各项收入和各项支出。

（1）营业外收入。企业营业外收入是指与企业销售收入相对应的，虽与企业生产经营活动没有直接因果关系，但与企业又有一定联系的收入。

①固定资产的盘盈和出售净收益。盘盈的固定资产的净收益是按照原价扣减估计折旧后的余额；出售固定资产净收益是指转让或者变卖固定资产所取得的价款减去清理费用后的数额与固定资产账面净值的差额。

②罚款收入。它是指企业取得的对对方违反国家有关行政管理的法规，按照规定收取的罚款。

③因债权人原因确实无法支付的应付款项。这主要是指因债权人单位变更登记或撤销等无法支付的应付款项。

④教育费附加返还款。它是指自办职工子弟学校的企业，在缴纳教育费附加后，教育部门返还给企业的所办学校经费补贴数。

（2）营业外支出。营业外支出包括：固定资产盘亏、报废、毁损和出售的净损失，非季节性和非修理期间的停工损失，职工子弟学校经费和技工学校经费，非常损失，公益救济性捐赠，赔偿金，违约金等。

①固定资产盘亏、报废、毁损和出售的净损失。固定资产盘亏、毁损是指按照原价扣除累计折旧、过失人及保险公司赔款后的差额；固定资产报废是指清理报废的变价收入减去清理费用后与账面净值的差额。

②非季节性和非修理期间的停工损失。它是指相对于季节性和修理期间的停工损失计入制造费用，非季节性和非大修理期间的停工损失计入营业外支出。

③职工子弟学校经费和技工学校经费。职工子弟学校经费是指企业按照国家规定自办的职工子弟学校支出大于收入的差额；技工学校经费是指根据国家规定，发生的自办技工学校的经费支出。

④非常损失。它是指自然灾害造成的各项资产净损失（扣除保险赔偿及残值），还包

括由此造成的停工损失和善后清理费用。

⑤公益救济性捐赠。它是指国内重大救灾或慈善事业的救济性捐赠支出。

⑥赔偿金、违约金。它是指企业因未履行有关合同、协议而向其他单位支付的赔偿金、违约金、罚息等罚款性支出。

5. 净利润

净利润又称税后利润，是指企业利润总额减去所得税后的金额。其计算公式如下：

$$净利润=利润总额-所得税$$

（二）增加利润的途径

从利润总额构成可以看出，企业利润是销售量、单价、单位成本、期间费用和营业外收入等多个因素综合作用的结果。因而，增加利润的主要途径如下。

1. 增加产量，提高质量，不断扩大销售

这是增加利润的根本途径。企业通过增加产量，提高产品质量，多生产适销对路的产品，充分地进行市场预测，扩大销售收入。

2. 挖掘潜力，降低成本

这是增加利润的重要途径。在扩大销售收入的前提下，成本费用的多少便是利润多少的决定因素。它们之间存在着此消彼长的关系。成本费用开支越大，利润越少；反之，成本费用开支越少，利润越多。

3. 合理运用资金，加速资金周转

这是增加利润的又一重要途径。合理运用资金，使各种资金占有形态保持恰当的比例关系，加速资金周转。在资金占用总量不变的情况下，周转速度加快，销售收入增加，企业利润增加。

（三）利润管理的要求

1. 实行利润目标分管责任制，保证目标利润完成

利润是通过各项经营活动和对资金、费用以及其他损益项目的管理取得的。所以，对利润的管理实际上要对企业实行全面的质量管理，力求做到投入少、产出多。在利润总额中，营业利润是主体。

通常的做法是将企业计划利润作为一个总目标，由主目标产生分目标，按组织层次层层展开，形成一个目标网络。为了完成企业的总目标，在企业内部各部门、各层次都设立部门目标或个人目标，由若干部门目标支持总目标，若干个下级目标或个人目标支持一个部门目标。

2. 正确处理财务关系，合理进行利润分配

企业采取各项扭亏增盈的措施，必须严格执行有关国家财经法规。应当正确结转、分摊或预提费用，正确计算营业外收支，正确计算和结转产品生产成本和各种期间费用，如实反映企业财务状况，以确保企业财务结果的真实性。同时，应正确地将利润在国家、企业和投资者个人之间进行分配，在保证国家财政收入的前提下，促使企业的投资者和职工个人关心企业的经营成果，提高投资者和职工参与经营管理的积极性，使企业盈利能够持续、稳定地增长。

（四）利润规划

利润规划是企业为实现目标利润而综合调整其经营活动规模和水平，它是企业编制期间预算的基础。利润规划要把企业继续存在和发展及实现目标利润所需的资金、可能取得的收益，以及未来要发生的成本和费用这三者紧密联系起来。利润规划之所以总强调成本、数量、利润分析，也正是这个缘故。

1. 本量利分析

本量利分析，亦称CPV分析，是指对成本、数量、利润相互关系的分析。它是在成本划分为变动成本和固定成本的基础上发展起来的，是企业财务计划和控制最主要的基础工具。

（1）成本性态分析。本量利相互关系的研究，以成本和数量的关系为基础，它们通常被称为成本性态研究。所谓成本性态，是指成本总额对业务量总数的依存关系，也被称为成本习性、成本特性等。业务量是企业生产经营活动水平的标志量，既可以是产出量，也可以是投入量；既可以是实物量、时间量，也可以是货币量，如：产品产量、人工工时、销售量、材料消耗量、生产能力利用百分数、工人工资、机器运转时数、运输吨公里等。混合成本进而又可以分为固定成本和变动成本。固定成本是成本中相对稳定的一部分，当业务量在一定范围变动时，对其没有显著影响。变动成本则与业务量呈正比例变化，业务量增加，变动成本也随之增加；业务量下降，变动成本也随之减少。

成本性态可通过高低点法、散布图法、回归直线法、工业工程法、契约检查法和账户分析法等方法，建立成本与业务量关系的直线方程式进行分析：

$$Y = a + bx$$

式中：Y—成本总额；

　　　a—固定成本；

　　　b—单位变动成本；

　　　x—业务量；

　　　bx—总变动成本。

①高低点法。高低点法是根据历史资料中最高业务量、最低业务量时期的总成本之差（用Δy表示），与两者业务量之差（用Δx表示）进行对比，推算出单位业务量的变动成本b，然后再根据总成本和单位变动成本确定固定成本，即：

$$\Delta y = b \Delta x$$

$$B = \Delta y \div \Delta x$$

用求出的b值代入最高业务量（用H表示）或最低业务量（用L表示）的总成本，便可求出a：

$$a = y（H）- bx（H）$$

$$a = y（L）- bx（L）$$

②散布图法。散布图法是根据若干期历史资料，绘制各期成本点散布图，按目测所得成本变动趋势在图上画出成本直线，直线的截距即固定成本，然后在直线上任取一点，据以计算单位变动成本。

③回归直线法。回归直线法是根据一系列历史成本资料，用数学上的最小平方法原理，计算能代表平均水平的直线截距和斜率，以其作为固定成本和单位变动成本。

（2）本量利数学表达之一：损益方程式

①基本的损益方程式。由于：

$$利润 = 销售收入 - 总成本$$

$$销售收入 = 单价 \times 销量$$

$$总成本 = 变动成本 + 固定成本 = 单位变动成本 \times 产量 + 固定成本$$

假设产量和销量相同，则有：

$$利润 = 单价 \times 销量 - 单位变动成本 \times 销量 - 固定成本$$

上式就是明确表达本量利之间数量关系的基本损益方程式，如果已知其中4个变量，则可求出另一个未知量的值。

②损益方程式的变换形式。基本的损益方程式把"利润"放在等号的左边，其他的变量放在等号的右边，这种形式便于预期利润。如果待求的数值是其他变量，则可以将方程进行恒等变换，使等号左边是待求的变量，其他参数放在右边。

2. 各因素变动分析

因素变动分析主要研究两个问题：一是产销量、成本和价格发生变动时，测定其对利润的影响；二是目标利润发生变动时，分析实现目标利润所需要的产销量、收入和支出。如果说，盈亏临界分析主要研究利润为零的特殊经营状态的有关问题，那么，变动分析则主要研究利润不为零的一般经营状态的有关问题。

（1）分析有关因素变动对利润的影响。在决定任何生产经营问题时，都应事先分析拟采取的行动对利润的影响。一般情况下，企业遇到下列三种情况时，常要测定利润的变化：

①外界因素发生变化，如单位变动成本、价格、固定成本或销量等。

②由于企业拟采取某项行动，将使有关因素发生变动。

③由于外界因素变化或企业拟采取某项行动，使有关的因素发生相互关联的影响。

（2）分析实现目标利润的有关条件。企业可以采取单项措施以实现目标利润，如减少固定成本、变动成本，提高售价、增加产销量等，然而在现实生活中，影响利润的因素是相互关联的。为了提高产量，往往要增加固定成本，与此同时，为了把它们顺利销售出去，有时又需要降低售价或增加广告费，因而企业很少采取单项措施来提高利润，而大多采取综合措施以实现利润目标，这就需要进行综合计算和反复平衡。

三、利润分配管理

利润分配是指企业实现的利润总额经调整后，按照有关规定上缴所得税，提取盈余公积金、公益金，向投资者分配利润等活动。企业利润是生产者剩余劳动所创造产品价值的一部分，利润分配的实质就是利用货币形式对这部分产品进行分配。利润分配是一项政策性很强的工作，必须按照国家制定的有关法规、制度进行，兼顾国家、企业、投资者和职工各方面的经济利益。

利润分配制度作为财务管理体制的重要组成部分，随着财务管理体制的调整变化，利润分配制度的长期改革与实践证明：无论是以利代税、以税代利或是利税承包等，任何形式的税利合一，都存在着种种弊端，不符合政企分开、经营权和所有权相分离的原则，"税利分流，税前还贷，按资分红"才是利润分配制度改革发展的方向。

（一）利润分配的一般程序

1. 亏损的管理

企业一定时期的收入如果抵补不了支出，其差额表现为亏损。企业的亏损按性质不同可分为政策性亏损和经营性亏损两种。

（1）政策性亏损。政策性亏损是指企业因执行国家有关政策而发生的亏损。对于政策性亏损，经财政部门核定后，可实行定额补贴或亏损包干等办法，促使企业增产节约，增收节支，努力减少亏损。

（2）经营性亏损。经营性亏损是指企业因经营不善，管理混乱而造成的亏损。对于经营性亏损，原则上应由企业自行解决。根据规定，企业发生的年度亏损，可以用下一年度的税前利润等弥补；下一年度不足弥补的，可以在5年内延续弥补；5年内不足弥补的，用税后利润等弥补。

2. 税后利润分配的管理

企业实现的利润总额，按照国家有关规定作相应调整后即为应纳税所得额，应纳税所得额乘以适用税率即为应纳所得税额，企业应依法缴纳所得税。除国家另有规定外，税后利润按下列顺序进行分配：

（1）被没收的财物损失，违反税法规定支付的滞纳金和罚款。

（2）弥补企业以前年度亏损。

（3）提取法定盈余公积金。法定盈余公积金按照税后利润扣除前两项后的10%提取，盈余公积金已达注册资金50%时可不再提取。

（4）提取公益金。

（5）向投资者分配利润。企业以前年度未分配的利润，可以并入本年度向投资者分配。

对税后利润分配进行管理，应注意以下几个问题：

①企业以前年度亏损未弥补完，不得提取盈余公积金、公益金。

盈余公积金是指企业从税后利润中形成的公积金，包括法定盈余公积金和任意盈余公积金。法定盈余公积金是企业按照国家的有关规定，从税后利润中按规定比例提取的公积金。任意盈余公积金是企业出于经营管理等方面的需要，根据董事会决定或公司章程自行决定，从当期税后利润中提取的公积金。

②在提取盈余公积金、公益金之后，方能向投资者分配利润。

企业可供向投资者分配的利润由两部分组成：一是企业税后利润在按上述顺序分配后的剩余部分；二是企业以前年度未分配的利润。企业向投资者分配利润的方式，取决于企业的组织形式。

③股份有限公司利润分配的特殊性。

股份有限公司税后利润在提取法定盈余公积金和公益金后，根据财务制度的规定，剩余利润按照下列顺序进行分配：

a.支付优先股股利。

b.提取任意盈余公积金。任意盈余公积金按照公司章程或者股东大会决议提取和使用。

c.支付普通股股利。

上述规定表明：任意盈余公积金的提取，是在分配优先股股利之后，但在分配普通股股利之前；向投资者分配利润时，先向优先股股东分配，有剩余再向普通股股东分配。

（二）股利政策

股息和红利简称股利，它是股份公司从税后利润中分配给股东的部分，是股份公司对股东投入资本的一种回报。股利政策是指股份公司在确定股利及相关事项时所采取的方针和策略，它通常包括股利支付比率、股利支付方式、股利支付程序等内容。股利政策的核心是股利支付比率，它影响到股份公司股票在证券市场上的价格、筹资能力和积累能力。

1.影响股利政策的因素

制定合理的股利政策，是股份公司利润分配管理的重要内容，也是一项难度较大的工作。股利政策是否合理，关系到企业的市场价值、再筹资能力以及将来的发展。影响股利政策的因素归纳起来主要有以下三个方面。

（1）法律因素。法律因素是指国家有关法律、法规中关于股利分配的规定。概括起来主要体现在以下两个方面：

资本保全要求。为了保护投资者的利益，要求支付股利的资金只能是公司的当期利润或保留盈余，即不能因为支付股利而减少资本总额。

资本积累要求。企业在股利分配时，要求遵循积累优先的原则，必须先按一定的比例和基数提取各种公积金。

（2）股东因素。股利政策由于最终须经董事会决定并由股东大会审议通过，所以企业股东的意见和要求也是影响股利政策的重要因素。

控制权的稀释。在控制权为少数股东所掌握的公司，如果股利支付比率过高，留存收益将相应减少，公司将来要发展势必会通过增发股票来筹集资金，从而可能导致控制权稀释或旁落他人。

避税。有的股东为减少股利的所得税支出，要求采用低股利政策，以期通过提高股票价格来获取更多的资本收益。

投资目的。有的股东依靠股利收入来维持生活，要求给予固定的股利收益。

（3）公司因素。公司因素是指企业的经营情况和财务状况等因素。

偿债要求。企业对外负债时，债权人为了降低债务风险，往往在贷款合同或企业债券上规定了企业支付股利的一些限制性条款。例如：规定每股股利的最高限额；规定企业的某些财务指标，如：流动比率、利息保障倍数等达到安全标准才能支付股利；规定必须建立偿债基金后方能支付股利等。

借债能力。如果企业借债能力强，在较短时间内就能筹措到所需的货币资金，即可采用高股利政策；反之，则应采用低股利政策。

资产的流动性。如果企业拥有大量的现金和流动资产，流动性较强，可以采用高股利政策；反之，则应采用低股利政策以降低财务风险。

资本成本。资本成本的高低是企业选择筹资方式的重要依据。与发行股票、债券和银行借款等筹资方式相比较，利用留存收益筹资具有资本成本低、隐蔽性强等优点。因此，如果企业发展需要大量资金，应采用低股利政策。

2. 股利政策的确定

合理确定股利政策，就是在综合考虑上述影响因素的基础上，在各种类型的股利政策中做出正确的选择。股份公司采用的股利政策通常有以下几种类型。

（1）固定股利政策。在该种政策下，不论企业经营情况的好坏，将每期支付的股利固定不变，只有当预期未来盈余会显著不可逆转地增长时，方提高每期股利的支付额。企业采用该政策的主要目的是为了避免出现因经营不善而削减股利，树立良好的财务形象。该政策的主要缺点是股利的支付与企业盈利脱节，当盈利较低时仍要支付固定的股利，从而可能导致企业资金短缺，财务状况恶化。

（2）固定股利支付率政策。该政策亦称变动的股利政策，即企业每年按固定的比例从税后利润中支付股利。由于企业在各年间的利润是变动的，因而股利额也随之发生增减变动，这样就可以使股利的支付与企业盈利密切配合，体现多盈多分，少盈少分，不盈不分的原则。该政策不足之处是每年股利随企业盈利频繁变动，影响企业股票价格的稳定性，不利于树立企业良好的财务形象。

（3）正常股利加额外股利政策。在该种政策下，企业除按固定数额向股东支付正常股利外，当企业盈利有较大幅度增加时，还需向股东增发一定数额的股利。

（4）剩余股利政策。在该种政策下，企业如果有盈利，首先应考虑满足投资需要，只有在满足投资需要后有剩余，方用来支付股利。

3.股利支付形式

股利支付形式，常见的有现金股利、股票股利、财产股利，负债股利和股票重购等。股份公司支付股利可采用现金和股票两种形式。

（1）现金股利。现金股利是指用货币资金支付的股利。它是股份公司支付股利所采用的最普遍、最基本的一种形式，也是投资者最愿意接受的一种形式。企业采用现金股利形式，必须同时具备以下两个条件：要有董事会决定并经股东大会讨论批准；企业要有足够的留存收益和现金。

（2）股票股利。股票股利是指企业经股东大会批准同意，以发行新股方式支付的股利。采用股票股利形式，对于企业来讲由于不必支付现金，有利于更好地满足生产经营活动对现金的需要。对股东而言，由于股票股利不是股东的应税所得，可以享受免缴个人所得税的好处，而股东需要现金时，又可将股票售出以换取现金。

第四节 资本成本与构成管理

一、资本成本概述

（一）资本成本的概念

资本成本是指企业为筹集和使用资本而付出的代价，包括筹资费用和使用费用两部分。筹资费用（也称取得成本）是指企业在筹集资本过程中为取得资本而支付的各种费用。筹资费用具有一次性支付的特征。使用费用（也称占用成本）是指企业因使用资本而支付给资本所有者的报酬。使用费用具有经常性、定期性支付的特征。

资本成本的表示方法有两种，即绝对数表示方法和相对数表示方法。

绝对数表示方法是计算所筹资本的筹资费用与使用费用的合计数，反映为筹集和使用一定数量资本到底发生了多少费用。

相对数表示方法则是通过资本成本率指标来反映的。由于筹资费用通常是筹集资本时一次性支付的，在资本使用过程中不再发生，实际上是资本筹集总额的减少，因此，在计算资本成本时通常把筹资费用作为筹资总额的一项扣除，即用年使用费用与筹资净额的比率来表示资本成本。

（二）资本成本的性质

从经济学的角度讲，资本成本是在商品经济条件下，资本的所有权和使用权相分离的必然产物。它具有以下特定的经济性质。

1. 资本成本是资本所有权与使用权相分离的产物

资本是一种特殊商品，其特殊性表现在它与其他生产经营要素结合后能使自身价值增值。商品经济的发展和借贷关系的普遍存在，导致资本的所有权与使用权产生分离，资本使用者使用资本，就必须付出一定代价，资本使用者无论是直接取得的资本还是通过资本市场间接取得的资本，都必须支付给资本所有者和中介人一定报酬，这些报酬实质上就是资本在周转使用中发生的价值增值的一部分。

2. 资本成本具有一般产品成本的基本属性，但又不同于一般的产品成本

资本成本和产品成本一样都是可以补偿的资本耗费，但产品成本是现实的资本耗费，而资本成本则可能是实际成本，也可能是机会成本。

3. 资本成本是资金时间价值与风险价值的统一

资本成本既包括时间价值，也包括风险价值。资金时间价值是资本成本的基础，在有风险的情况下，资本成本一方面表现为企业筹集和使用资本的代价；另一方面表现为投资者要求的必要报酬。

（三）资本成本的作用

资本成本是企业财务管理的一个重要概念和基本"财务标准"。正确计算和分析资本成本，对企业财务管理有着重要的作用。

1. 资本成本是选择筹资方式、拟订筹资方案的依据

不同来源渠道、不同筹资方式的资本，其资本成本的高低是不相等的。在其他条件都相同的情况下，企业应该选择资本成本较低的筹资方式。

2. 资本成本是评价投资项目可行性的重要标准

企业筹资的目的是为了投资，而只有当投资项目获取的收益率大于资本成本率时，投资项目才是可行的，否则投资项目则不应予以考虑。

3. 资本成本是评价企业经营成果的尺度

从资本成本的构成来看，它实际上就是投资者和中介机构应得的收益。而这部分收益能否实现，取决于资本使用者运用资本获取的收益多少及如何进行分配。

（四）个别资本成本

个别资本成本是某一种筹资方式的资本成本，如：长期借款资本成本、债券资本成本、商业信用资本成本、优先股资本成本、普通股资本成本、留存收益资本成本和吸收直接投资的资本成本。

1. 长期借款资本成本

长期借款的资本成本是指借款的手续费与长期借款的利息。借款手续费属于一次性支付的筹资费用。长期借款的利息是使用费用，利息一般按期支付，通常作为财务费用在税前扣除，从而降低企业的利润总额，最终使企业少交所得税，因此，长期借款筹资方式具有节税作用。这样，企业实际发生的年使用费用为：年利息×（1－所得税率）。因此，若用相对数表示，银行借款资本成本可按下式计算：

$$K借 = \frac{年利率（1-所得税）}{1-筹资费率} \times 100\%$$

2. 债券资本成本

债券的成本主要是指债券的筹资费用和债券的利息。债券的筹资费用一般较高，主要包括申请发行债券的手续费，债券的注册费、印刷费、上市费及推销费等。债券的利息处理同长期借款相似，可获得税收利益，具有节税作用。

（五）降低资本成本的途径

降低资本成本，既取决于企业自身筹资决策，也取决于市场环境，要降低资本成本，需从以下几个方面着手。

1. 合理安排筹资期限

原则上看，资本的筹集主要用于长期投资，筹资期限要服从于投资年限，服从于资本预算，投资年限越长，筹资期限也要求越长。

2. 合理利率预期

资本市场利率多变，因此，合理利率预期对债务筹资意义重大。比如：企业采用发行债券方式筹资时，如果能够合理预计未来市场利率将会升高，则应该选择采用固定利率发行债券，这样，企业将来定期支付给债权人的利息就不会因为利率的上升而增加，实际上相当于降低了筹资成本。反之，如果能够合理预计未来市场利率将会下降，则应该选择采用浮动利率发行债券。

3. 提高企业信誉，积极参与信用等级评估

要想提高信用等级，首先必须积极参与等级评估，让企业了解市场，也让企业走向市场，只有这样，才能为以后的资本市场筹资提供便利，才能增强投资者的投资信心，才能积极有效地筹集所需资本，降低资本成本。

4. 积极利用负债经营

在投资收益率大于债务成本率的前提下，积极利用负债经营，可以取得财务杠杆效益，从而降低资本成本，提高投资效益。

二、杠杆原理

（一）成本习性及分类

成本习性是指成本总额与业务量之间在数量上的依存关系。成本按习性可划分为固定成本、变动成本和混合成本三类。

1. 固定成本

固定成本是指其总额在一定时期和一定业务量范围内不随业务量发生任何变动的那部分成本。属于固定成本的主要有按直线法计提的折旧费、保险费、管理人员工资、办公费等。

固定成本还可进一步区分为约束性固定成本和酌量性固定成本两类。

（1）约束性固定成本，属于企业"经营能力"成本，是企业为维持一定的业务量所必须负担的最低成本，如厂房、机器设备的折旧费、长期租赁费等。

（2）酌量性固定成本，属于企业"经营方针"成本，是企业根据经营方针确定的一定时期（通常为一年）的成本。

应当指出的是，固定成本总额只是在一定时期和业务量的一定范围（通常称为相关范围）内保持不变。

2. 变动成本

变动成本是指其总额随着业务量成正比例变动的那部分成本。直接材料、直接人工等

都属于变动成本，但产品单位成本中的直接材料、直接人工将保持不变。

3. 混合成本

有些成本虽然也随业务量的变动而变动，但不成同比例变动，这类成本称为混合成本。混合成本按其与业务量的关系又可分为半变动成本和半固定成本。

（1）半变动成本。它通常有一个初始量，类似于固定成本，在这个初始量的基础上随产量的增长而增长，又类似于变动成本。

（2）半固定成本。这类成本随产量的变化而呈阶梯形增长，产量在一定限度内，这种成本不变，当产量增长到一定限度后，这种成本就跳跃到一个新的水平。

（二）杠杆原理—经营杠杆

1. 经营杠杆的概念

经营杠杆，也称营业杠杆，是指由于固定成本的存在而导致的息税前利润变动率大于产销量变动率的杠杆效应。

经营杠杆对企业来说是把"双刃剑"。在固定成本一定的情况下，在一定业务量范围内，随着产销量的增加，虽然单位产品的变动成本基本保持不变，但是，单位产品分担的固定成本会降低，导致单位产品成本降低，单位产品利润增加，从而使企业息税前利润的增长率大于产销量的增长率；反之，在固定成本一定的情况下，在一定业务量范围内，随着产销量的减少，虽然单位产品的变动成本基本保持不变，但是，单位产品分担的固定成本上升，单位产品成本升高，单位产品利润减少，从而使企业息税前利润的降低率大于产销量的降低率。

如果不存在固定成本，那么，息税前利润的变动率将会与产销量的变动率保持一致。然而，实务中，企业生产经营通常都有固定成本，因此，必然存在经营杠杆作用，即产销量发生较小的变动，就会引起息税前利润较大的变动。

2. 经营杠杆系数

如前所述，只要企业有固定成本，就存在经营杠杆效应的作用。经营杠杆作用的大小一般用经营杠杆系数来度量。

经营杠杆系数是指息税前利润变动率相当于产销量变动率的倍数。或者说当产销量变动1倍时，引起息税前利润变动的倍数。

3. 经营风险

（1）经营风险的概念。经营风险也称营业风险，是指企业因经营上的原因而导致息税前利润变动的风险，尤其是指利用营业杠杆而导致息税前利润变动的风险。经营风险是指公司固有的未来经营效益的不确定性。

（2）影响经营风险的主要因素。

①市场需求。市场对企业产品的需求越稳定，企业的息税前利润越稳定，经营风险越小；反之，经营风险越大。

②销售价格。产品销售价格越稳定，息税前利润越稳定，经营风险越小；反之，经营风险越大。

③材料价格。原材料价格越稳定，息税前利润越稳定，经营风险越小；反之，经营风险越大。

④对销售价格的调整能力。当通货膨胀使生产资料价格上涨时，若公司有能力将因生产资料涨价而增加的生产成本转移到销售价格上，则能够消除其对息税前利润的影响，这种调整能力越强，经营风险越小；反之，经营风险越大。

⑤固定成本。固定成本与息税前利润的可变性之间没有必然的联系，但由于固定成本的性质使得当产品的销售量发生变动时，单位产品分担的固定成本随着销量的增加（下降）而减少（增加），导致息税前利润以更大的幅度波动，从而增加经营风险。

⑥对经济周期的敏感性。若企业的销售收入随经济周期的变化而剧烈地波动，经营风险就大。如汽车制造业、旅游业。若企业对经济周期的敏感性弱，经营风险就小，如煤气公司、电力公司。

4.经营杠杆与经营风险的关系

如前所述，经营风险是指由于经营上的原因导致的企业未来息税前利润的不确定性。

（1）经营杠杆系数越大，企业经营风险越大。经营杠杆本身并不是利润不稳定的根源，但是，经营杠杆扩大了市场和生产等不确定因素对利润变动的影响。

实务中，控制经营风险的方法为：增加销售额、降低单位变动成本、降低固定成本等。

（2）经营风险既可以用杠杆系数衡量，还可以使用概率法衡量，即使用息税前利润的标准差或标准离差率表示，二者反映的结果是一致的。

（三）财务杠杆

1.财务杠杆概念

财务杠杆，是指由于所筹资本中固定性使用费用（如债务利息、优先股股息）的存在，而导致的普通股每股收益变动率大于息税前利润变动率的杠杆效应。

在企业债务资本、优先股资本数量既定条件下，企业债务的利息和优先股的股息是固定不变的。当企业的息税前利润增加时，由于从利润中扣除的固定性使用费用不变，致使每一元息税前利润分担的固定性使用费用降低，导致普通股每股收益以更大的幅度增加，从而给普通股股东带来更大的收益。反之，当企业息税前利润减少时，从息税前利润中扣除的固定财务费用也是不变的，从而给普通股股东带来更大的损失。因此，财务杠杆与经营杠杆一样，对企业来说也是把"双刃剑"。

2. 财务杠杆系数

财务杠杆系数，是指普通股每股收益变动率相当于息税前利润变动率的倍数。或者说当息税前利润变动1倍时，引起普通股每股收益变动的倍数。

3. 财务风险

（1）财务风险的概念。

财务风险，指因资本结构不合理、融资不当，使企业丧失支付利息和股息及到期本金能力而导致投资者预期收益下降的风险。在资本结构中，债务资本、优先股资本相对普通股权益的比重越大，公司的支付能力就越差，投资者所要求的收益率就越大，公司的资本成本就越高。狭义的财务风险又称筹资风险，是针对债务资本、优先股股息偿付而言的。

①现金性财务风险。这种风险是指公司在特定时点上，现金流出量超出现金流入量，而产生的不能偿付债务本息的风险。可见，现金性财务风险是由于债务的期限结构与现金流入的期间结构不相配套引起的，它是一种支付风险。它表现为某一项债务不能及时偿还，或者是某一时点债务不能及时偿还。也正由于此，这种风险对公司以后各期的筹资影响不是很大。因此，作为一种暂时性的偿债风险，只要通过合理安排现金流量和现金预算即能回避，因而对所有者收益的直接影响不大。

②收支性财务风险。这种风险是指公司在收不抵支的情况下出现的不能偿还到期债务本息的风险。当公司收不抵支，即发生亏损时，将会减少公司净资产，从而减少作为偿债保障的资产总量，在负债不变的情况下，亏损越多，公司资产偿还债务的能力也就越低。一旦出现收不抵支，公司的债权人权益就很难保障，而作为公司所有者的股东，其承担的风险压力更大。如果不加强管理，那么公司的再筹资将面临很大的困难。

（2）影响财务风险的主要因素如下。

①债务比例的大小。公司如不发行债券、不借款，就不存在财务风险。公司运用债务

的比例上升，财务风险随之增大。

②收支的匹配程度。如果公司的现金流入量与债务本金和利息的支付不匹配，财务风险就会上升，流动负债所占比例越大，无法按时支付利息和本金的可能性就越大，财务风险也就越大。

4.财务杠杆与财务风险的关系

财务杠杆会加大财务风险，企业举债比重越大，财务杠杆效应越强，财务风险越大。财务杠杆与财务风险的关系可通过计算分析不同资本结构下普通股每股收益及其标准离差和标准离差率来进行测试。

三、资本结构

（一）资本结构的含义

资本结构，是指企业各种资本的构成及其比例关系。资本结构是企业筹资决策的核心问题，企业应该具体分析影响资本结构的各种因素，并运用适当的方法确定适合本企业发展的资本结构。

资本结构有广义和狭义之分。广义的资本结构，又称财务结构，是指企业全部资本来源的构成与比例关系，不仅包括权益资本和长期债务资本，还包括短期债务资本。

狭义的资本结构是指企业长期资本来源的构成与比例关系，仅包括权益资本和长期债务资本，不包括短期债务资本。短期债务资本作为营运资本管理。

（二）影响资本结构的因素

资本结构理论认为存在最优资本结构，企业在筹资的过程中，要通过不断地优化资本结构使之趋于合理，达到企业综合资本成本最低的资本结构，才能实现企业价值最大化。影响资本结构的因素既有企业外部影响因素，又有企业内部影响因素。

1.外部影响因素

（1）经济周期。在市场经济条件下，任何国家的经济都处于复苏、繁荣、衰退和萧条的阶段性周期循环中。一般而言，在经济衰退、萧条阶段，由于整个经济不景气，很多企业举步维艰，财务状况经常陷入困难，甚至有可能恶化，因此，在此期间，企业应采取紧缩负债经营的政策。而在经济繁荣、复苏阶段，市场供求趋旺，大部分企业销售增加，利润水平不断上升，因此企业应该适度增加负债，充分利用债权人的资金进行投资和经营。

（2）企业所处行业的竞争程度。宏观经济环境下，企业因所处行业不同，其负债水平不能一概而论。一般情况下，如果企业所处行业的竞争程度较弱或处于垄断地位，销售顺畅，利润稳定增长，破产风险很小甚至不存在，因此可适当提高负债水平。相反，如果企业所处行业竞争程度较高，投资风险较大，其销售完全是由市场决定的，利润平均化趋势使利润处于被平均甚至降低的趋势，因此，企业的负债水平应低一点，以获得稳定的财务状况。

（3）税收机制。国家对企业筹资方面的税收机制一定程度上影响了企业的筹资行为，使其对筹资方式做出有利于自身利益的选择，从而调整了企业的资本结构。因此，当资本利润率高于债务利率时，企业应该更多地筹集债务资本来获得避税收益，从而提高企业的价值。

（4）利率变动趋势。利率变动趋势在一定程度上影响到企业的资本结构。如果企业的财务管理人员认为利息率暂时较低，但在不久的将来有可能上升的话，企业便会发行大量的长期债券，从而使利率在若干年内限制在较低的水平上。

2. 内部影响因素

（1）企业规模。企业规模制约着公司的资本规模，也制约着企业的资本结构。一般而言，大企业倾向于多角化、纵向一体化或横向一体化经营。多角化经营战略能使企业有效分散风险，具有稳定的现金流，不易受财务状况的影响，因而使企业面临较低的破产成本，在一定程度上能够承受较多的负债。纵向一体化经营战略能够节约企业的交易成本，提高企业整体的经营效益水平，既提高了企业的负债能力。对于实行横向一体化战略的企业，由于企业规模的扩张会提高产品的市场占有率，因此会带来更高更稳定的收益，所以，可以适当提高企业的负债水平。

（2）资产结构。1984年，有学者在分析了管理者与外部信息不对称问题后认为，企业通过发行有抵押担保的债务可以降低债权人由于信息不对称带来的信用风险，因此，在有形资产作担保的情况下，债权人更愿意提供贷款，企业的有形资产越多，其担保的价值越大，因而可以筹集更多的资金。资产结构会以多种方式影响企业的资本结构。根据有关学者的研究，有以下结论：①拥有大量固定资产的企业主要通过长期负债和发行股票筹集资金；②拥有较多流动资产的企业，更多地依赖流动负债来筹集资金；③资产适于进行抵押贷款的企业举债较多，如房地产企业的抵押贷款就非常多；④以技术开发为主的企业负债则很少。

（3）企业获利能力。融资顺序理论认为，企业融资的一般顺序是先使用内部融资，其次是债务融资，最后才是发行股票。如果企业的获利能力较低，很难通过留存收益或其他权益性资本来筹集资金，只好通过负债筹资，这样导致资本结构中负债比重加大；当企业具有较强的获利能力时，就可以通过保留较多的盈余为未来的发展筹集资金，企业筹资的渠道和方式选择的余地较大，既可以筹集到生产发展所需要的资金，又可能使综合资本成本尽可能最低。

（4）企业偿债能力。通过流动比率、速动比率、资产负债率、产权比率、有形净值债务率等财务指标的分析，评价企业的偿债能力，同时还应考虑长期租赁、担有责任，或有事项等因素对企业偿债能力的影响。

（5）股利政策。股利政策主要是关于税后利润如何分配的筹资政策。如果企业不愿意接受债券筹资的高风险和产权筹资的稀释作用，则可以考虑用内部积累的方式筹集投资所需的部分或全部的资金。

（6）所有者和经营者对公司权利和风险的态度。企业资本结构的决策最终是由所有者和经营者做出的。一般情况下，如果企业的所有者和经营者不想失去对企业的控制，则应选择负债融资，因为增加股票的发行量或扩大其他权益资本范围，有可能稀释所有者权益和分散经营权。

总之，企业的资本结构是受到外部、内部因素的影响，这些因素并非一成不变，而是处于不断的变化中，资本结构也应该根据变化做出调整，企业在筹资过程中，应综合考虑以上因素，为了有利于企业的长远发展，应选择弹性较大的筹资方式，为资本结构的再调整留有余地。

（三）资本结构理论

资本结构理论是财务管理的重要组成部分，也是当代财务理论的核心内容之一，主要研究资本结构的变动对企业价值的影响。综合资本成本最低，同时企业财务风险最小时的资本结构能实现企业价值最大化，因而是最理想的资本结构。

在现实资本市场上，资本结构是否影响公司价值这一问题一直被称为"资本结构之谜"。人们对这一问题的理解过程就像解谜过程一样：思路在一步步向前扩展，但最终并未形成完整的答案。在解谜过程中形成了各种不同的资本结构理论，主要有：

1. 早期资本结构理论

20世纪五十年代之前的资本结构理论被外国财务学者归纳为"早期资本结构理论"，主要有三种观点：

（1）净收益理论。净收益理论是资本结构理论中的一个极端理论。它认为负债可以降低企业的资本成本，负债程度越高，企业的价值越大。它假设当资本结构中的负债比例提高时，负债资本成本和权益资本成本均不受财务杠杆的影响，无论负债程度多高，企业的负债资本成本和权益资本成本都不会变化。因此，只要负债成本低于权益成本，那么负债越多，企业的加权平均资本成本就越低，企业价值就越大。当负债比率为100%时，企业加权平均资本成本最低，企业价值最大。

（2）营业收益理论。营业收益理论是资本结构理论中的另一个极端。它认为，不论财务杠杆如何变化，企业加权平均资本成本都是固定的。因为企业利用财务杠杆时，随着负债比重的上升，即使负债成本本身不变，但加大了权益的风险，会使权益成本上升，于是加权平均资本成本不会因为负债比率的提高而降低，而是维持不变，企业价值也保持不变。即资本结构与公司价值无关，决定公司价值的应是其营业收益。这种理论下，不存在最佳资本结构，融资决策也就无关紧要。

（3）传统理论。传统理论是一种介于净收益理论和营业收益理论之间的理论。它认为，企业利用财务杠杆尽管会导致权益成本的上升，但在一定程度内却不会完全抵消负债的低成本所带来的好处，因此会使加权平均资本成本下降，企业价值上升。但是，超过一定程度地利用财务杠杆，权益成本的上升就不能再为负债的低成本所抵消，加权平均资本成本便会上升。以后，债务成本也会上升，它和权益成本的上升共同作用，使加权平均资本成本上升加快。

2. 现代资本结构理论

一般认为，1958年MM理论的产生是早期资本结构理论与现代资本结构理论的分水岭。MM理论是由外国著名财务学者提出的。该理论提出了在不确定条件下分析资本结构和资本成本的新见解，并在此基础上发展了权衡理论。

MM理论认为，在没有企业和个人所得税的情况下，任何企业的价值，不论其有无负债，都等于经营利润除以适用于其风险等级的报酬率。负债企业要依据按负债程度而定的风险报酬率，权益成本会随着负债程度的提高而增加。这样，增加负债所带来的利益完全被上涨的权益成本所抵消。因此，风险相同的企业，其价值不受有无负债及负债程度的影响。但在考虑所得税的情况下，由于存在税额庇护利益，企业价值会随负债程度的提高而增加，股东也可获得更多好处。于是，负债越多，企业价值也会越大。

3. 平衡理论

平衡理论也称权衡理论，该理论以MM理论为基础，又引入财务危机成本概念。它认为，当负债程度较低时，不会产生财务危机成本，于是，企业价值因税额庇护利益的存在会随负债水平的上升而增加；当负债达到一定界限时，负债税额庇护利益开始为财务危机成本所抵消，当边际负债税额庇护利益等于边际财务危机成本时，企业价值最大，资本结构最优。

4. 代理理论

代理理论认为，债权筹资能够促使经理更多努力工作，更少个人享受，并且做出更好的投资决策，从而降低由于两权分离而产生的代理成本；但是，负债筹资可能导致另一种代理成本，即企业接受债权人监督而产生的成本。

5. 等级筹资理论

由于企业所得税的节税利益，负债筹资可以增加企业的价值，即负债越多，企业价值增加越多，这是负债的第一种效应；但是，财务危机成本期望值的现值和代理成本的现值会导致企业价值的下降，即负债越多，企业价值减少额越大，这是负债的第二种效应。

第五节　营运资本管理

企业的短期财务决策，就是营运资本的财务管理与决策，它包括短期融资和流动资产管理两方面的内容。短期财务决策的目的是：筹措融通由于季节性、周期性和随机性因素造成企业经营活动的波动变化所需的资金；正确地管理与运用流动资产，使现有的固定资产得到最大限度的利用，促进企业的正常运营与有效增值。

一、营运资本的特征及原则

营运资本又称营运资金、循环资本，有广义和狭义之分，广义的营运资本又称总营运资本，是指一个企业流动资产的总额；狭义的营运资本又称净营运资本，是指流动资产减去流动负债之后的余额。如果该余额值为正，则称营运资本为正。流动资产通常包括现金、有价证券、应收票据、应收账款、预付账款、存货等；流动负债通常包括短期借款、应付票据、应付账款、预收账款以及其他应付款项等。

二、营运资本管理策略

营运资本管理策略包括营运资本投资策略、营运资本筹资策略、营运资本策略组合。

（一）营运资本投资策略

营运资本投资策略的目的在于：在总资产水平既定的条件下，合理确定流动资产与固定资产等长期资产的比例关系。这一比例关系的表现形式是流动资产占总资产的比重。

企业可以选择的营运资本投资策略有三种。

1. 保守策略

企业流动资产占总资产的比例相对较大，除正常流动资产需要量及基本保险储备量外，再增加一定的额外储备量。由于流动资产的收益率一般低于固定资产的收益率，因此，这一策略的预期盈利能力将较低。

2. 激进策略

企业流动资产占总资产的比例相对较小，流动资产一般只满足正常需要，不安排或只安排很少的保险储备。

3. 中庸策略

企业流动资产占总资产的比例相对适中，流动资产在保证正常需要的情况下，再适当增加一定的保险储备。其预期盈利能力和风险都介于保守与激进策略之间。

最优的营运资本投资水平，也就是预期能使企业价值最大化的水平。这一水平是多种因素共同作用的结果，它们包括：销售水平和现金流动的变动性、经营杠杆和财务杠杆等。

（二）营运资本筹资策略

营运资本筹资策略的目的在于：在总资产水平既定的条件下，合理确定流动负债与长期负债的比例关系。这一比例关系的表现形式是流动负债占总资产的比重。企业可以选择的营运资本筹资策略有三种。

1. 保守策略

全部长期资产、永久性流动资产（企业维持生产经营所需要的最低水平的流动资产）以及部分临时性流动资产（受季节性、周期性影响的季节性存货、销售和经营旺季的应收账款）所需要的资金均由长期负债与自由资金来筹集，其余部分临时性流动资产由短期负债来筹集。在这种情况下，短期融资的使用以及流动负债占总资产的比例均被限制在一个较低的水平上。

2. 激进策略

临时性流动资产和一部分永久性流动资产所需资金由流动负债来筹集，其余的永久性流动资产与长期资产所需要的资金由长期负债与自由资金来筹集。更加极端的表现是，有的企业所有的永久性流动资产乃至部分固定资产所需资金也由流动负债来筹集。

3. 中庸策略

将资产与负债的期间相配合，以降低企业不能偿还到期债务的风险和尽可能降低融资成本。临时性流动资产所需资金以流动负债来筹集，永久性流动资产与长期资产所需资金由长期负债和自由资金来筹集。这种策略使流动负债水平介于激进策略与保守策略之间，因此，其收益与风险也处于两者之间。

（三）营运资本管理的策略组合

营运资本管理是营运资本投资管理与筹资管理的统一结合，既要研究它们各自的策略选择，更需要分析它们之间的相互作用。

1. 最激进的营运资本管理策略

当营运资本的投资策略和筹资策略均选择十分激进的策略时，在这种情况下，企业的收益水平最高，但相应的风险水平也最高。

2. 激进的营运资本管理策略

具体有两种情况：激进的筹资策略和中庸的投资策略的组合；中庸的筹资策略和激进的投资策略的组合。

3. 中庸的营运资本管理策略

具体有三种情况：激进的筹资策略和保守的投资策略的组合；保守的筹资策略和激进的投资策略的组合；中庸的筹资策略和中庸的投资策略的组合。

4. 保守的营运资本管理策略

具体有两种情况：保守的筹资策略和中庸的投资策略的组合；中庸的筹资策略和保守的投资策略的组合。

5. 最保守的营运资本管理策略

企业营运资本的筹资策略和投资策略均十分保守，在这种情况下，企业的收益水平最低，相应的风险水平也最低。

三、营运资本管理策略选择的影响因素

风险与收益的权衡是影响营运资本管理策略选择的首要因素，此外，还有以下因素影响营运资本管理策略的选择。

（一）行业因素

不同行业的经营内容和经营范围有着明显的差异，从而导致不同行业的流动资产比例、流动负债比例以及流动比率等也存在着较为明显的差异。

（二）规模因素

规模大的企业与规模小的企业相比，其流动资产比例可以相对较低。因为规模大的企业具有较强的融资能力，当出现偿债风险时，一般能够迅速筹集到资金，承担风险的能力较强，从而可以使流动资产比例处于一个较低的水平。

（三）利率因素

利率的动态变化及长短期资金利率的静态差异均会对营运资本水平产生明显影响。当利率较高时，企业倾向于降低流动资产比例，以减少对流动资产的投资，降低利息支出。当长短期资金的利息率相差较小时，企业倾向于降低流动负债比例，以更多地利用长期资金以更多地利用长期资金；反之，流动资产比例和流动负债比例则会出现相反的变动趋势。

（四）经营决策因素

营运资本管理策略是企业整体经营决策的一个组成部分，它不仅对其他经营决策产生影响，而且也受到其他经营决策的影响。这些经营决策主要包括：生产决策、信用政策、股利政策、长期投资决策等。

第三章　现代企业财务管理理论研究

第一节　财务管理的理论结构分析

随着社会的发展，财务管理越来越受到人们的重视，在企业的管理和发展中发挥了很大的作用。财务管理的实体是先于财务管理理论发展的。

一、财务管理理论结构概述

财务管理理论是在之前的财务管理实践的基础上进行归纳和总结，然后在实践中加以发展、再总结，得出系统化、科学化、合理化的财务管理指导思想，继而发展成为一套理论。财务管理理论可以使财务管理工作更具有科学性和有效性，以发挥财务管理工作的最大作用。财务管理理论结构是指财务管理包含的几个大的方面，这几个大的方面的重要性的先后顺序，以及这样排序的标准。

二、财务管理理论结构的构建

（一）财务管理理论的基础

财务管理理论的基础，主要是指财务管理环境、财务管理假设、财务管理目标这三者之间的关系和发展状况。财务管理环境是进行财务管理工作的逻辑起点，一切的财务管理工作都是围绕这个出发点开始的，也是以它为基础开展一切工作的；财务管理假设主要研究财务的主体以及市场投入产出之间的比例，是构建财务管理理论结构不可缺少的组成部分；财务管理目标是指开展财务管理工作将要达到的目标或者目的，是在财务管理环境和财务管理假设的基础上建立的，对涉及财务管理的业务具有导向作用。财务管理目标既是对财务管理环境和财务管理假设的总结，又可以指导财务管理工作的开展。

（二）构建财务管理的基本理论

财务管理工作的开展需要遵循一定的原则和方法。财务管理的内容、财务管理的原则、财务管理的方法都是财务管理的基本理论，从这三个方面入手，可以保证财务管理理论的科学性和合理性。财务管理工作主要是针对企业筹资、投资、营运及分配等方面开展的。财务管理原则可以有效地约束财务管理工作的行为，可以使财务管理理论更加科学化、系统化。把财务管理的内容与财务管理的目标连接在一起，能够提高企业决策的正确性。

（三）建立财务管理通用业务理论

财务管理通用业务是指一般企业都具有的财务管理工作，属于比较大的范围。在财务管理通用业务中可以对企业的筹资、投资、营运等业务进行系统的总结和研究，可以指导财务管理向着正确的方向发展，可以为财务管理理论的建立提供强有力的事实依据，可以提高财务管理理论结构的科学性。财务管理理论结构的建立，实际上是为财务管理工作提供一个比较大的框架，任财务管理工作者在这个框架里发挥，也为企业的财务管理中的资金支出情况做了系统分配，从而确保财务分配上存在着一种"公平性"。

综上所述，财务管理理论结构为企业财务管理工作的开展提供了强有力的理论依据，同时财务管理理论结构的建立也受到多方面因素的影响和制约。

第二节　现代企业财务管理的价值创造

财务管理是企业管理的重要组成部分，是实现企业价值最大化经营目标的重要手段。财务管理价值创造能力的水平越高，其在企业价值创造中的地位越高，为企业创造价值的效率和质量就越高，因此，提升财务管理价值创造能力，有助于其更好地发挥其价值创造作用，意义重大。

一、财务管理的价值创造

财务管理的价值创造是通过一系列财务管理活动，为企业创造价值，以期实现企业价值最大化。财务管理在企业价值创造过程中扮演着诸多角色，可以直接创造价值，可以以支持辅助的方式间接创造价值，还可以保护企业现有价值不受损害。

（一）价值创造

财务管理可以通过多种方式来实现价值创造。一是通过投资、享受政府优惠补贴政策、开展理财活动等财务活动，直接为企业增加现金流或获取收益；二是通过统筹运用各项资源、集中管理资金、统一结售汇、税务筹划等方式，降低各项成本。

（二）价值促进

财务管理可以通过辅助支持企业的各项价值创造活动来促进企业价值的提升。一是通过预算管理，合理配置企业资源；二是通过评价考核、薪酬激励、奖励惩罚等措施的执行，促使企业价值创造机能有效运行；三是进行财务分析，供管理参考、为决策服务，协助各项价值创造活动有序高效地开展。

（三）价值保护

财务管理还可以采取财务措施保护企业价值不受损失。一是通过内部控制手段，防范企业潜在风险，实现企业价值保值；二是通过财务审计，规范企业财经秩序，防止企业价值受到损害。

二、财务管理的价值创造能力

（一）含义

价值创造能力是指创造企业价值的主观条件的总和，是实现企业价值最大化目标的能力。财务管理价值创造能力是指通过财务管理手段为企业创造价值的能力。

（二）影响因素

影响财务管理价值创造能力的因素包括以下几个方面。

1.人员

财务管理工作具体是由财务管理人员执行的，财务管理人员能力越强，财务管理工作更能实现其价值创造的目标。

2. 制度

制度体系的建立，使财务管理价值创造活动有制可循、有章可依，有利于规范其价值创造活动，提高价值创造工作的效率及质量。

3. 流程

完善、高效的流程，可以解决相关管理要素不能得到有效利用的闲置浪费，使管理有序，充分发挥财务管理的最大效率，为财务管理价值创造活动助力。

4. 方法

先进科学的管理方法能保证财务管理在价值创造活动中实现管理功能，保证其发挥应有的作用，因此，财务管理方法对企业充分发挥财务管理的价值创造作用影响很大。

5. 环境

财务管理环境是指对企业财务活动产生影响作用的企业各种内部和外部条件。企业的财务管理活动离不开财务管理环境，财务管理环境必然影响财务管理活动。

三、提升财务管理价值创造能力的几点建议

企业应围绕创造企业价值的目标，提升企业财务管理的价值创造能力。

（一）提升财务管理人员的价值创造能力

一是树立价值创造理念。形式上有人去做财务管理工作是绝对不行的，必须将价值创造的理念深入参与财务管理的每一个人心中。财务管理人员首先应该改变自身理念，只有认同财务管理企业价值创造者的角色，才能真正通过意识和理念去指导实践，以实现价值创造的目标。

二是提升财务管理人员的专业素质，培养企业所需的复合型人才。学习并不断更新财务管理方面的政策和知识，提高业务素质；加强对企业业务、流程、部门架构等的了解，加强沟通与协作，储备较为全面的综合知识，以便更好地为企业价值创造机制服务。

（二）建立以价值创造为导向的财务管理制度体系

1. 完善制度

在价值创造过程当中，想要财务管理工作高效地创造价值，就必须将原有的财务管理制度进行梳理，从价值创造的角度对原有制度进行评估、修改及补充，将价值最大化的企

业目标体现落实到相关制度中。

2. 建立制度体系

以价值创造为导向的财务管理制度体系应分为几个层次，最底层是具有操作性的实施细则，第二层是具有指导意义的管理办法，最高层是财务管理的价值创造总纲领。

3. 用文字记载

相关规章制度应以文字方式形成文件，确保制度的约束性、严肃性和引导性，使财务管理价值创造活动有所依据。

（三）改进财务管理流程

将财务管理与业务流程相结合，让财务部门和财务管理人员全面参与到整个价值链流程中，将管理措施融入企业各生产经营环节，从价值创造的角度，帮助各业务部门、经营环节做出事前的预测规划、事中的监督控制、事后的评价等，实现企业价值链上的财务协同，为企业价值创造提供全面支持。

（四）应用现代管理方法

借助信息技术、互联网，可以增加沟通、及时获取相关政策制度、及时处理财务及经营信息、实现多维度数据统计等，有利于在提高财务管理价值创造活动效率的同时减少或避免差错，切实保证财务管理价值创造活动的质量。

根据企业实际，采用各类先进科学的管理方法。例如：财务分析中常用的杜邦财务分析法，从净资产收益率出发，对影响该指标的因素进行层层分解，通过这种财务分析方法帮助企业及时发现经营中存在的问题，更好地辅助企业创造价值。再如：预算管理实践中比较有代表性的全面预算管理法，以提升企业价值为目标，通过价值驱动因素配置企业资源，使低效资源加快流转，发挥资源使用效益，同时将价值管理导向贯穿预算管理的执行、分析与控制全过程，促使企业价值不断提升。

（五）营造财务管理价值创造的环境

形成财务管理的价值创造文化，充分发挥其应有的作用，创造并保持财务管理人员参与价值创造的内部环境。财务管理的价值创造文化是财务管理价值创造目标与财务管理人员的纽带，把从事财务管理的人员团结起来，形成巨大的向心力和凝聚力。

企业在提升自身财务管理价值创造能力的过程中，应关注提升的效果，对于未达到或偏离了原有目标的应及时调整，同时还应注意克服认知惰性，适时主动地根据企业实际情况，对提升财务管理价值创造能力的方式、方法予以修正，只有这样才能真正地提升企业自身的财务管理价值创造能力，达到提升的目的，实现提升的效果。

第三节　财务管理环境变化对企业财务管理的影响

财务管理是企业发展中的重要内容，对企业平稳经营有着重要的意义和影响。在近几年的发展中，很多企业提高了对财务管理环境变化的分析与研究。一方面是由于财务管理水平与财务管理环境的变化有着密切的联系，需要相关管理团队能够对两者之间的关系进行深入的研究与探讨，从而为财务管理工作的开展提供可参考的依据；另一方面是由于传统老套的方式和理念已经不能满足现代企业财务管理的需要，如果不能及时创新与完善财务管理制度、理念以及模式等，那么就会影响企业的正常发展。

一、财务管理环境变化的内容

（一）企业发展模式方面

财务管理环境在变化的过程中，会在很大程度上引发企业发展模式的变化，而发展模式的变化不仅对企业核心的构建有着重要的影响，还对企业财务管理的开展有着重要影响。企业财务管理中涉及很多方面的内容，如资金管理、预算控制及风险规避等，因此，当企业发展模式受到财务管理环境变化而发生改变的时候，企业财务管理部门就需要对这些内容进行重新部署与安排。只有通过这样的方式，才能进一步顺应企业发展模式变化的需要，对财务管理工作的开展提供有利的条件。

（二）金融全球化方面

金融全球化对企业融投资的开展有着重要的意义和影响，不仅为企业融投资提供了更多的选择机会，还间接地丰富了融投资的形式和内容。在财务管理环境变化的过程中，企业财务管理部门会根据金融全球化的发展现状对融投资环境做进一步的分析与研究。同时，还会对融投资中涉及的风险问题做进一步的控制和防范，从而确保融投资的安全，而财务管理工作的开展也会间接发生改变。

（三）经济信息化方面

随着经济全球化的发展，以跨国服务和商品为主要经营对象的跨国公司也广泛兴起。跨国商品和服务的产品流通模式和形式，与传统经济有着很大的差别。经济技术也有着很多的变化，急需财务管理模式采取相应的方式。而经济信息化的发展，是财务管理环境变化的重要部分之一，其以互联网技术和电子计算机技术为基础，通过信息的共享和技术的沟通，已经对经济运行的模式产生了巨大的影响。

二、财务管理环境变化对现代财务管理的影响

（一）资产评估体系构建方面

资金的平稳运行对企业发展与财务管理工作的开展有着重要的意义，而资产评估体系的构建在很大程度上推进着财务管理水平的提升。很多企业在进行财务管理的过程中，会将重点内容放在知识资本的评估与管理方面。对于资产评估中存在的难点问题，相关管理团队也能根据实际情况，对相应的会计核算工作以及评估工作进行优化处理。

但是在实际资产评估的过程中，很多管理团队没有按照规范的计量模式或核算方法进行相应的工作。而这种情况的出现对资产评估的价值分析与评价有着一定的影响。在财务管理环境变化的引导下，相关管理团队能够进一步提高对资产评估的重视与研究，并根据实际财务管理环境的变化情况，对企业现金流量计量及管理模式等进行优化，制订出有利于企业财务管理的计价方式，推进资产评估体系的构建。

（二）财务管理网络优化方面

由于互联网时代的发展及电子计算机技术的推广，很多行业在发展的过程中都会将先进的网络技术及电子技术等应用于其中，在顺应时代发展需要的同时，促进行业的平稳发展。各企业的财务管理模式也会受到财务管理环境变化的影响而发生改变，而将网络技术及电子计算机技术应用到财务管理网络系统建设中，逐渐成为企业发展中的重要内容。合理应用网络及电子计算机技术，不仅能够有效控制财务管理工作中存在的问题，还能进一步提高财务管理的质量与效率。

比如：财务管理过程中会涉及很多的数据和信息计算及核对工作，但是相关工作人员在计算和核对的过程中，会受到某些因素的影响而出现问题。而合理应用网络技术就能

够在很大程度上降低这类情况出现的概率，同时还能间接提高信息核对及数据计算的准确性，为财务管理工作的开展提供有利条件。另外，对财务管理网络进行建设与优化，还能实现企业资源的合理配置，提高企业信息共享的效率和价值，对财务管理人员积极性的提升也有着重要的意义和影响，因此需要企业相关财务管理团队提高对网络建设的重视。

（三）财务管理内容变化方面

除了上述两点内容外，财务管理环境的变化还会对财务管理内容产生影响。由于各企业财务管理的效率和质量会随着国家经济环境的变化而变化，企业要想保证财务管理工作的顺利开展，就要求财务管理相关管理团队根据经济环境实际变化情况，对相应的财务管理内容进行更新与优化。

财务管理环境的变化与经济全球化的发展有着密切的联系。近年来，随着很多大型跨国公司的出现，相关的融投资行为也成为普遍现象。而融投资模式的出现，不仅间接地提高了企业的经济水平及筹资的效率，而且还带动了计算机技术的应用与推广。融投资方法变得多样化，财务管理内容也变得充实起来。

另外，在财务管理内容发生变化的同时，一些跨国公司还会将新型的投资方式应用到实际的工作中，这不仅给企业发展提供了更多可参考的依据，还间接地促进了企业财务管理模式的创新与升级。虽然企业财务管理会受到一些因素的影响而出现风险问题，导致投资效率下降。但是，财务管理内容在改变的过程中，会间接优化企业受益模式和管理内容，能够在一定程度上规避风险，提高财务管理质量，对企业经济水平的提升有着重要的意义和影响。

（四）财务管理理念革新方面

在经济全球化、金融全球化、信息化、知识资本化等经济环境的影响下，财务制度也应当从财务管理理念、财务管理内容、评估系统的构建、电子网络系统的构建等方面进行适当的调整和革新，以适应日益变化发展的经济形势，提高财务管理效率。财务管理环境主要包括经济全球化、电子商务化、企业核心重建等部分，面对这些环境的变化，财务管理也必然要做出一些调整，以适应大环境的发展。

受当前财务环境的变化影响，现代财务管理必须适时进行变革和创新。

首先，在财务理念和理论构建上，应当重视工业经济和知识经济的全面发展，使其在保证经济增长的基础上，还能从技术层面和资金管理层面实现对企业财务管理的优化。也就是在传统财务管理工作的基础上，优化资金使用效率和风险规避制度，确保企业管理者能够正确地决策和投资。

其次，企业应当积极促进财务管理创新。因为企业财务管理工作的目标是发挥资金的最大效用，并且能够最大限度地降低风险。而企业人员关系的协调和生产能力的激发又能够从根本上提高企业的效益，所以在财务管理上，应当将人员关系优化与财务创新相结合，在优化人员管理制度的基础上，实现财务关系的协调和创新。

三、财务管理未来发展趋势

（一）财务理论和关系创新发展

为适应经济发展形势，企业进行生产经营过程中必须具备稳固的理论基础，以适应社会信息化发展，紧跟知识型经济发展步伐，以更好地适应财务管理环境的变化，提高企业的适应性和灵活性，保证企业财务管理工作的有效实施。随着环境的变化，财务管理的目标发生了一定的变化，由实现股东财富最大化转向企业价值最大化，以保证企业各个相关者的利益。财务管理的关系也发生了一定的变化，更加侧重于企业内部的管理，注重企业内部员工关系的维护，以营造和谐稳定的内部环境。

（二）筹资和投资丰富化

随着经济全球化的发展，金融工具更加丰富，企业在筹资和投资决策方面具有更多的选择，使企业的决策能力得到提高。网上融资模式的出现，为企业融资提供了一定的便利，使融资领域得到扩展，为企业提供了更加广泛的渠道，以实现企业内部资源的合理配置，提高企业的总体竞争能力。筹资和投资方面的变化，为企业合理利用资金提供了机会，以降低企业出现资金短缺的可能，保证企业内部资金的流动性。

（三）受益分配合理化

实现利益最大化是企业存在的根本目标，合理分配收益是企业稳定运行的关键，知识经济的发展，使得知识成为企业进行利益分配的一项依据。对于物质资本提供者来说，主要以资本所有权为依据进行分配。知识创造者在领取基本工资的同时，可以依据对知识资本的创造参与利益分配，获取相应的收益。

（四）预算评价体系专业化

财务管理工作离不开财务预算，各种报表是企业高层管理者进行决策的基本依据。因此，一个公平合理的预算管理体系对于财务管理工作至关重要，通过准确的数据分析，能够真实地反映企业运营状况，合理预测企业的偿债能力、盈利能力及市场表现情况等。按照预算考核结果进行奖惩，能够更好地推动建设合理有效的预算体系，保证预算体系具有专业性，实现企业的可持续发展。

随着经济形势的转变，财务管理的环境发生了一定变化，对财务管理工作提出了更高的要求，使得财务管理的内容和对象不断扩大。为提高企业的核心竞争力，稳定企业在市场中的地位，必须结合市场行情和经济形势对财务管理进行创新，在理论结合实践的基础上改进财务管理工作，提高财务管理的灵活性，更好地适应财务管理环境的变化，从不同的角度满足企业发展的需要，促进企业更好、更快地发展，实现企业经济利益的提高，达到企业的总体目标。

第四章 财务管理信息化的应用

　　财务管理信息化是企业信息化的重要组成部分，因此，各界对财务管理信息化的关注也越来越多。以财务核算为主要内容的会计信息系统在相当一段时期被广泛应用，但对财务管理信息化的应用仍局限于通过Excel进行财务分析与决策，甚至产生了财务管理信息化就是构建并应用财务管理模型过程这样的错误理解。随着现代信息技术与科技的不断发展，财务管理信息化逐渐从单纯的财务管理模型的构建与应用中走出来，并向系统应用、集成应用、开放应用方面转变。以会计信息化的应用层次划分为思路，按照财务管理信息化的应用范围与深度不同，将财务管理信息化的应用划分为企业级财务管理信息化、集团企业（战略）级财务管理信息化、供应链级财务管理信息化三个层次。其中，企业级财务管理信息化应用还可进一步划分为局部财务管理信息化与整体财务管理信息化两个阶段。尽管不同层次的财务管理活动在管理方法与管理侧重方向等方面存在不同，但不同层级的财务管理信息化应用并不是相互排斥、相互矛盾的关系，而是存在着密切的联系，是相互包容的。

第一节 企业级财务管理信息化应用

　　企业级财务管理信息化应用是指在企业范围内构建财务管理信息化系统，决策信息面向企业管理层。根据财务管理信息化在企业应用阶段的不同，还可划分为局部财务管理信息化应用与整体财务管理信息化应用两种。

一、局部财务管理信息化应用

（一）局部财务管理信息化应用的主要内容

企业在应用财务管理信息化初期，财务管理信息化活动只在财务部门内部，主要是通过计算机或搭建的网络平台完成财务分析、财务决策、财务预算等活动，为企业管理层提供相关的决策信息。局部财务管理信息化应用的主要内容包括财务分析、投资决策、筹资决策、股利分配和经营决策五个方面。

1. 财务分析

在局部财务管理信息化应用中，财务分析主要以财务报表及其他资料作为主要依据和分析起点，主要通过比较分析法或因素分析法，分析、评价企业过去及当下的经营成果和财务状况，以了解企业过去的经营状况和财务状况，对当前企业经营情况进行评价，以便对企业未来经营状况进行预测，帮助企业改善经营决策。

2. 投资决策

为使企业经济资源得到增值，企业会进行一系列的投资活动。根据投资的形式不同，投资可分为实物投资与金融投资两种。经济资源是企业的稀缺性资源，因此企业投资会首先考虑投资的有效性和投资效率。在财务管理信息化环境下，企业会利用计算机网络系统，采用更加先进的方法和手段分析投资项目的财务可行性，为企业制订投资决策提供科学、准确的信息支持。

3. 筹资决策

为了满足企业的资金需求，需要进行筹资活动、集中资金。在财务管理信息化环境下，筹资决策的核心内容是确定企业的资本结构，选择恰当的筹资方式，此外，还负责明确企业资金需求量、长期负债比例规划等。

4. 股利分配

股利分配实质上是筹资活动的延伸。企业在获取利润后，会根据股利分配原则将一定股利发放给股东，其余利润会继续使用在企业投资活动中。

5. 经营决策

经营决策囊括了企业日常生产、经营活动中的各种决策。传统手工操作中，财务部门与其他部门之间的信息联系较少，缺乏有效沟通，财务部门也很少会参与到企业的生产、经营决策中。而在财务管理信息化环境下，企业财务部门能够与其他部门取得有效的信息交流，使财务决策与生产、经营决策实现有效协作，共同完成企业战略决策。如：在制订采购计划时，会根据企业成本规划控制现金支出。

二、局部财务管理信息化的实现策略

局部财务管理信息化主要面对临时性、偶然性的财务管理需求，或独立的财务需求，多采用灵活的方法和手段，但缺乏系统性。因此，在局部财务管理信息化应用中，财务管理信息化主要通过计算机网络平台，面向决策需求制作决策模型，快速生成决策所需的辅助决策结果。

（一）通过工具软件构建财务管理模型

在局部财务管理信息化应用阶段，通过工具软件构建财务管理模型的流程大致如下。

1. 数据获取

在这一模式下，由于缺乏覆盖企业范围的网络平台和数据仓库技术的支持，财务决策与控制所需的基础数据并没有独立的存在，而需要依赖于其他信息系统提供，在局部应用阶段，数据获取的主要方式如下。

在局部财务管理信息化应用中，由于财务管理信息化仅局限于财务部门，没有构建覆盖整个企业范围的数据仓库和网络平台，因此，财务决策与财务控制所需的各项基础数据都要从其他信息系统中获取，获取方式主要通过手工录入、查询导出、数据库导出和通过工具软件获取外部数据等四种方式。其中，手工录入、查询导出以及数据库导出都是一次性获取数据的方式，而通过工具软件获取外部数据的方式是一种动态获取数据的方式，但应用难度比较大，使用者需要熟练掌握SQL语言，并且能够识别会计信息系统的数据库结构。

2. 工具软件的选择

在局部财务管理信息化应用中，财务管理活动主要通过Excel等工具软件实现。这些工具软件能够提供大量的计算方法和分析方法，既能完成简单的计算工作，还能够完成数据统计、分析、预测等任务，同时具备线性规划、单变量求解、数据透视等功能。除了具备强大的数据处理功能外，这些工具软件还能为决策模型提供构建平台。在财务管理中，大多数决策模型都以图标的形式构建，因此，应用于局部财务管理信息化中的工具软件都具有强大的图形制作功能与制表功能，能够支持决策模型的构建。除上述功能之外，一定的数据获取能力也是工具软件需要具备的，可以在一定程度上获取支持决策信息的基础数据。实际上，在财务管理信息化的初期阶段，获取有效的支持决策数据是影响决策效果的主要因素。尽管工具软件具备一定的数据获取能力，在一定程度上能够获取不同层面的相关数据，但软件本身的数据存储能力与数据管理能力较差。由于决策过程的特征，管理信息化系统相比于会计信息系统具有更加强大的交互能力，能够确定用户的决策需求，动态地获取支持决策的各项数据，最终生成科学的决策结果。因此，在局部财务管理信息化应用中，以Excel为代表的工具软件是实现简单财务决策和财务分析的良好工具。

3. 构建模型

上面我们提到，Excel具有强大的数据处理功能和简单、方便的操作界面，是局部财务管理信息化应用中构建财务决策模型的常用工具软件之一。通过Excel 构建财务管理决策模型主要有五个步骤。下面做简单概括介绍。

步骤一，根据财务管理理论构建决策所需的数学模型，数学模型是构建财务决策模型的关键环节。

步骤二，确定数学模型中的参数、参数的来源及获取参数的途径。通过Excel获取参数的途径有三种：手工录入、外部数据导入和外部数据。对于少量零散的数据可以直接通过手工录入的方式获取；批量数据可以通过财务软件将数据转化为中间数据状态，再通过Excel软件的"外部数据导入"功能将数据导入软件，或者通过Excel的"建立查询"功能，构造SQL语言直接获取外部数据。

步骤三，设计决策模型表格。在Excel中，决策过程与决策结果通常以表格的形式表现，设计的表格要能清晰、直观地反映数据计算的经过，既便于理解又能反复多次利用。在常用的决策模型中，通常会用两个或多个表格分开表达决策参数和决策结果，并且设置一定保护措施保护公式单元和计算结果单元，避免数学模型被破坏，同时设计良好的展示界面方便使用者更好地理解决策过程和决策结果。

步骤四，定义公式。Excel具有强大的计算功能，提供了丰富的运算函数。在定义公式时可以充分、灵活地使用这些函数，使公式更加容易理解。

步骤五，计算并以直观的形式表达。使用Excel建立的决策模型通常以图表的形式分析数据、表达计算结果，因此使用图表（如直方图、饼图、折线图、散点图等）展示复杂决策模型的分析结果或计算结果是必需的环境。

4. 模型调用

执行制作好的模型并生成计算结果，或者为模型编制目录和调用界面，方便反复使用和执行。

（二）通过二次开发技术实现部分财务管理功能

随着用户需求的多元化、复杂化发展，软件的功能可能无法完全满足用户的需求，因此需要对原软件进行补充、开发、改进或取消某些功能，使其能够满足用户的需求，这个过程就是二次开发。合理利用企业已有的财务软件，通过二次开发可以增加满足企业需求的功能。

1. 二次开发的条件

进行二次开发，首先要考虑是否具备二次开发的条件及二次开发的技术可行性。一般来讲，对软件进行二次开发需要具备一定的开发条件或具备二次开发的技术可行性。通常可以进行二次开发的软件需要具备五个条件。第一，拥有标准的数据接口，标准数据接口可以与其他系统连接共享各种数据；第二，具备能够提供中间层部件的较为先进的开发工具；第三，具有较强的可执行性，能够支持多种数据库，可以在多种操作环境下使用多种数据库的数据；第四，具有较强的灵活性，可以进行多种自定义操作；第五，具有开放的基本数据结构，用户可以从数据库中直接读取数据。

2. 二次开发的实现策略

通过报表软件也可以进行二次开发。通过财务软件提供的报表系统进行二次开发目前是一种较为简单的二次开发手段。一款良好的报表软件既能提供强大的财务报表定义能力，也具备二次开次开发的数据接口，可以通过这个接口编辑简单的命令和程序代码。通过报表软件实现的二次开发能够与会计信息系统实现更为良好的连接，能够直接获取所需的基础书序。但报表软件的二次开发能力有限，无法满足企业多样化的财务管理需求。

通过工具软件实现二次开发。微软公司为其Office软件开发了一种编程工具VBA，在使用Excel处理比较复杂的财务管理工作中被广泛应用。

VBA是面向对象的编程技术，能够提供可视化编程环境，可以帮助用户实现简单的程序开发。

通过会计信息系统提供的二次开发平台实现二次开发。随着科技的发展，会计软件的功能更加强大和完善，能够满足企业更多的个性化需求，有越来越多的信息系统提供了二次开发的平台，如金蝶K／3BOS商业操作系统。这款操作系统是金蝶ERP解决方案的技术基础，能够快速完成业务单据、报表、业务逻辑的制作，并能通过一系列一体化设计满足企业多样化、个性化需求。

3. 二次开发的实现步骤

步骤一，了解企业在数据综合利用方面的各种需求，明确二次开发的功能。步骤二，原软件的技术分析，充分了解原软件的工作原理、数据结构、技术参数等。步骤三，结构设计，包括数据接口设计、功能设计、数据处理流程设计、数据存储设计、显示设计、输出设计等。步骤四，编制程序，满足企业的个性化需求。步骤五，系统测试，对开发程序的稳定性和正确性等进行验证，及时发现系统漏洞及与原软件的连接问题。步骤六，系统的运行与日常维护，保障系统安全、稳定的运行。

三、局部财务管理信息化应用模式评价

在企业实现财务管理信息化的初级阶段，局部财务管理信息化的应用具有较高的推广价值和应用价值，具有应用灵活、易于移植的优势。

局部财务管理信息化应用可以通过工具软件或二次开发等途径实现，具有较强的灵活性，也符合财务管理、财务决策、财务分析等活动的特点，容易实现，涉及的技术也比较简单。尤其是在缺乏信息系统统一规划的环境下，能够克服财务管理信息系统的功能缺陷，能够满足企业的个性化需求，具有较强的实用价值。在企业应用财务管理信息化的初级阶段，财务决策与财务分析几乎不需要有投入，决策模型较为容易移植。但从长远来看，局部财务管理信息化应用存在一定缺陷。首先，缺乏统一的数据平台，决策缺乏系统性。财务决策的制订需要大量的数据支持，在现行的会计系统中，由于没有统一的数据平台，缺乏前期的统一规划，因而增加了数据获取的步骤和难度，采集的数据对决策的支持也不强。在调用决策模型时，数据的获取通常以手工或半手工的方式实现，大大降低了数据的可靠性。此外，决策模型的运行是孤立的，限制了决策行为的系统性。

其次，缺乏财务控制功能。决策与控制是财务管理的核心内容，局部财务管理信息化应用缺乏有效的财务控制，因此无法形成完整的财务管理体系。财务控制职能的实现在客观上需要系统化、程序化的财务管理信息系统，而通过工具软件或二次开发等途径实现的局部财务管理信息化应用是无法满足财务控制职能的客观需求的。

综上，局部财务管理信息化应用适用于企业财务管理信息化的初级阶段，面对临时性、偶然性的财务决策，是在缺少完整财务管理信息系统的时候采取的权宜之计。

第二节　整体财务管理信息化应用

一、整体财务管理信息化应用的主要内容

整体财务管理信息化是面向全企业的，通过计算机和网络平台实现企业财务决策、财务控制、业务处理等活动的信息化处理过程。整体财务管理信息化阶段的财务管理已经突破了财务部门的局限，并深入企业生产、经营的各环节中，具体地实现财务分析与风险的预警，现金、预算、成本的控制与管理，企业财务绩效的评价。

（一）财务分析与风险预警

在整体财务管理信息化阶段，财务分析由单纯的财务报表分析转化为综合财务信息、业务信息等多元化信息的综合性财务分析与评价。风险预警是信息化环境下财务管理的重要内容。根据企业生产、经营指标分析企业财务风险、经营风险、管理风险等，实现提前预警、有效规避。

（二）现金管理与控制

企业的现金不仅包括现款，还包括银行存款、银行本票与汇票、电子货币等，是企业拥有的现款和流通票据总和。现金的流动性较强，可以立即实现购买、偿还债务等活动。同时，现金在企业资产中也是受益性最低的资产，存有过量现金会降低企业收益。因此，现金管理的核心内容就是使企业存有最佳现金量，在资产流动性与盈利中寻找最佳平衡点。

在整体财务管理阶段，可以通过企业资源计划来规划企业生产、经营活动，从而能够比较精确地预测出未来一段时间的现金流量，并与企业预算、生产支持等业务活动联系起来。除此之外，随着网上银行、电子货币的出现，通过财务管理信息化加强对企业现金的管理将成为企业必然的选择。

编制现金预算、控制现金收支、现金持有量决策、网上结算管理等都是企业的现金管理的主要内容。其中，合理编制现金预算是企业现金管理的核心内容。

（三）预算控制及管理

预算不仅是企业决策的具体化，也是财务管理信息系统控制企业生产、经营活动的依

据，是企业计划工作的成果。预算在财务管理活动中是联系财务决策与财务控制的桥梁。在传统财务管理中，预算常常仅被用于控制成本支持，而在财务管理信息化中，预算是调控企业资源使其取得最佳生产效率和获利率的有效方法之一，预算管理也因此受到更多关注。

科学的预算是财务管理信息化的一个重要内容，科学合理的预算是决策结果的反映。决策要落实为高效执行过程必须通过一定的计划落实，而计划则通过预算得以体现。并且，预算是财务控制的参照体系，预算能够及时纠正决策执行中产生的偏差，确保决策目标的准确实现。

根据预算期的长短，预算可分为长期预算和短期预算；根据预算内容又可分为销售预算、现金预算、费用预算、生产预算、采购预算等。

（四）成本控制与管理

在现代企业管理中，成本控制是提升企业利润与竞争力的重要途径。成本控制是以成本为控制手段实现对企业生产、经营活动有效控制的过程。信息化环境为企业成本控制提供了更多的实现途径和新的内涵。企业与上下游企业之间通过信息网络能够及时地交换信息和数据，网上交易和网上结算极大地提高了物流效率和存货周转率，从而降低了企业的采购成本和存货水平。同时，通过JIT管理和车间管理能够有效地控制企业生产环境，降低企业的生产成本。此外，网上营销和线上客户管理等也大大地降低了销售支出，降低了销售成本。信息化环境使成本控制与管理不再局限于单一的制造成本的管理和成本核算，形成了基于信息化平台的深入企业生产、经营活动各环境的成本控制与管理。

（五）企业财务绩效评价

信息化环境下，企业绩效的合理评价如果仍依靠单纯的财务度量方式显然无法取得良好效果。现代企业财务绩效评价既包括员工、过程、供应商、技术、创新能力的评价，也包括企业未来价值的预测。在财务管理信息系统中，通过平衡记分卡等工具可将组织的目标、目标值、指标等与行动方案进行有机整合，确保企业战略的有效执行。

二、整体财务管理信息化的运行框架

整体财务管理信息化应用阶段，为了能够更好地支持企业的综合性决策与控制，支持企业系统化，需要切实地实现财务管理信息化，建立完整的财务管理信息化系统势在必行。在这个阶段，财务管理信息化运行框架的主要环节如图4-1所示。

（一）业务处理

采购—支付、生产—转换、销售—收款等是企业典型的业务过程。业务活动产生的基础数据会储存在业务处理系统中的业务数据库中。在传统的业务处理系统中，业务处理仅包含业务数据的采集和记录两个内容，更侧重于系统的时效性和可靠性。而在完整的财务管理信息化框架内，采用了更加智能化的设备，业务处理系统中也增加了更多业务控制功能，除了能采集和记录业务数据，还能及时矫正和控制业务信息以实现实时控制。

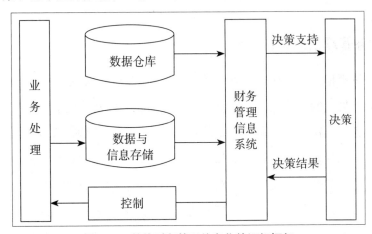

图 4-1 整体财务管理信息化的运行框架

（二）存储数据和信息

数据仓库是一种用于决策管理的关系型数据库管理系统，以数据库和网络技术发展为基础设计而成。数据仓库的存储量非常庞大，并具备自动更新、删除数据等功能，能够满足决策制订和事物处理系统的各项需求。数据仓库技术是财务管理信息化的技术基础，是财务管理信息系统不可缺少的重要部分。图4-2所示为完整的财务管理信息系统中信息加工与信息储存的过程。

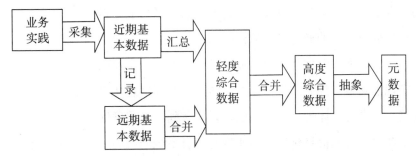

图 4-2 财务管理信息系统中信息加工与信息储存过程

从图4-2中我们可以清楚地看到，在完整的财务管理信息系统中，数据是支持企业财务管理和决策制订的重要依据，并不是像在局部财务管理信息化应用中的数据那样，以一种孤立的、原始数据的形态呈现，而是在经过高度抽象后转化为元数据，是企业管理层制订决策、实现财务管理的重要依据。

数据的高度抽象是实现财务管理系统信息化的基础，这也是整体财务管理信息化应用与局部应用的最大区别，整体财务管理信息化应用必须建立支持财务管理决策的数据库管理系统。

（三）财务管理信息系统

在整体财务管理信息化应用中，财务管理信息系统应具备较强的数据获取能力、构建决策模型的能力、强大的会话能力、提供决策信息的能力以及控制能力。

企业各项财务决策都需要准确、科学的数据支持，而这些数据都需要从海量的数据中挑选、整理、归纳、计算、处理，才能为决策提供可靠的数据支持。因此，强大的数据获取能力是这一阶段财务管理系统必须要具备的能力之一。财务管理信息系统应当支持各种统计方法和调用方法，具备较强的决策模型构建能力，并允许用户自定义计算方法，使系统能够快速、及时生成用户所需数据。财务管理系统无法代替企业管理层制订决策，但通过财务管理信息系统强大的功能可以为企业管理层提供科学、可靠的决策依据，同时接受决策者的反馈信息。控制能力也是财务管理信息系统的主要能力，通过各种指标和预算实现对业务处理过程的全程控制。此外，强大的会话能力及良好的用户界面也是财务管理信息系统必须具备的，以便用户能够方便、快捷地操作系统构建或调用决策模型。

三、整体财务管理信息化的实现策略

相比于局部财务管理信息化应用阶段，在整体财务管理信息化应用中，财务管理信息系统的构架发生了明显变化。首先，完善的信息化平台成为财务管理信息系统运行的核心，而不是在局部应用中的通过工具软件孤立于其他系统之外的。信息化平台主要包括财务管理信息系统、数据库管理系统以及业务处理系统，为企业财务管理活动提供系统性支持。其次，实现了决策与控制的统一。在整体财务管理信息化应用阶段，财务决策已不再是偶然性决策，而是已经体现到执行层面，是要落到实处并确保执行过程中不偏离既定目标。因此，整体财务管理信息化应用的实现与信息系统的实施过程较为相似，主要包括以下十个关键环节。

（一）确定系统目标和系统规模

财务管理信息化的实现是一个复杂的过程，在构建财务管理系统前需要明确实施系统的目的，即通过系统想要解决的主要问题。系统规模的确定要根据企业想要实现的管理目标确定。最后根据确定的系统规模估算管理目标的可行性、成本效益等。

（二）实施策略与方案的编制

实施方案的制订要基于确定的管理目标和系统规模，列出具体的规划、实施方案与步骤、实施进度、实施机构、阶段性任务、经费预算等。实施方案应充分与用户进行交流，了解用户需求，考虑企业的实际情况作为实施方案的编制基础。切忌盲目追求不切实际的目标，应以保障实时策略和方案的成功率为前提。

（三）调查与需求分析

系统的实施需要在充分了解用户业务流程与需求的基础上进行，因此调查用户业务流程，确定用户需求，掌握旧系统中存在的问题和不足也是系统实施的重要环节。用户调查可以采用实地考察、问卷调查、直接走访等方式。

（四）选择实现方案

对用户而言，在财务管理整体化运行阶段，可供选择的实现方案主要有两种：开发和外购。自行开发或委托第三方开发虽然都能够满足企业的需求，但由于开发成本过高而很少采用。随着商品化软件向模块化、多样化发展，软件灵活性得到进一步提高，一些软件已允许用户自定义流程、单据、信息处理模式等。因此，选择良好的商品化软件平台，并在此基础上进行改造，成为实现财务管理信息化的较好选择。

在整体财务管理信息化应用阶段，可供用户选择的现实方案主要有开发和外购两种。无论是开发还是外购都能够很好地满足用户的需求，但由于开发的成本过高，因此很少被采用。随着科学技术的发展，商品化软件也在不断推陈出新，向着功能化、多样化发展，使用操作更加灵活方便，同时支持用户的多种自定义操作。因此，选择一款适合的商品化软件并以此为基础进行相应改造，使其更加适合企业的实际情况和需求，是实现企业财务管理信息化的不错选择。

（五）业务流程的优化与重组

根据软件具备的功能和用户的需求优化、调整企业现有的业务流程，规划不同处理环节的功能、数据处理的特点、权限及职责。并针对一些特殊的环节，可以根据用户的需求改造软件功能。

（六）不同层次的用户培训

培训是用户理念与计算机管理模型相融合的过程，可以在时间上贯穿实施的整个过程。这样的做法既可以降低培训的成本，提高系统实施的效率，同时也能促进用户的学习兴趣，激发用户的主动性。按照培训对象的不同，可以分为初级培训、中层培训和高层培训三种。

初级培训主要针对软件操作人员，培训内容为软件操作和各项功能的实现，以及与软件相关的计算机常识，能够应对简单的故障。

中层培训主要针对系统维护人员和各部门骨干，培训内容为软件的工作原理、结构以及系统的工作流程。中层培训倾向于系统维护、安全管理、数据库管理系统、规划控制等方面。

高层培训主要针对部门经理和管理层，培训内容为软件的功能及管理方案。高层培训是初级培训和中层培训的引申，侧重于软件管理思想的深入体会，使人工与计算机系统实现最优结合。

（七）初始数据的整理

初始数据的整理主要包括各项初始数据与初始参数的确定，如编码规则、参数设置、原始数据的来源、提供者及提供方式以及核算方法、数据处理过程、初始数据准确性与完整性的验证等，通过整理初始数据，可以避免在实施系统的过程中出现数据错误或遗漏的情况发生，控制系统实施的风险。

（八）系统试运行

系统试运行的主要目的是发现系统中存在的问题和不足之处，并非正确性验证。试运行需要在模拟企业实际运行环境下进行，用户输入实际数据考察系统的处理流程，考察系统能否满足企业需求和系统处理业务的效率，及时对方案进行修改和验证。

（九）软件的安装、调试与初始化

该阶段的作业难度相对比较低，但是工作量比较大，需要实施人员严格按照处理流程操作，避免产生意外，一旦发现系统中存在任何隐患，应及时进行弥补和调整。

（十）系统运行与信息反馈

系统日常运行的管理与维护。在实际工作环境下验证系统的性能，记录系统运行的效果并及时反馈，制订系统改进方案。

四、整体财务管理信息化应用模式评价

从系统实施的角度来看，在企业信息化初期，整体财务管理信息化应用是很难实现的，需要花费较高的成本以及合理的规划。而从技术层面来看，财务管理信息化需要数据仓库的技术支持。但相对于局部财务管理信息化应用而言，整体的应用具有系统性支持企业决策的巨大优势，决策结果能够转化为可控的预算信息和指标，并能落实到实际的业务处理过程中，极大地提高了会计信息的相关性和可靠性。

第三节　集团企业财务管理信息化应用

集团企业的发展离不开高水平的财务管理，实施财务管理信息化是推动企业财务管理发展的重要途径，也是集团企业财务管理的必然选择。

集团企业是现代企业的一种高级组织形式，通过资产、技术、产品等将多个企业联合在一个或几个大型企业的周围，形成的一个稳定的多层次经济组织。按照内部联结纽带的不同，可将集团企业大致划分为股权型、财团型、契约型等；按照内部机构设置的不同，可将集团企业划分为依附型和独立型。

一、集团企业财务管理

集团企业财务活动主要有四个层次，分别是母公司层、子公司层、关联公司层和协作公司层。其中，母公司层和子公司层的财务活动是集团企业财务管理活动的主要内容。相比于独立企业，集团企业的财务管理内容更加复杂，难度更高。集团企业财务管理的主要内容如下。

（一）集团企业产权管理

1.产权关系

集团企业财务管理的核心内容就是母子公司投资管理关系。从内部产权关系看，母公

司具有控制、监督子公司经营活动的权利，以此确保母公司投入资本的安全性，并能根据股东权益获取相应收益，保证子公司的经营目标与母公司总体战略目标的一致性。

2. 产权结构

产权结构是形成企业母子公司关系的纽带，在设置产权结构时要充分考虑母公司与子公司的关系。母公司以集团企业的战略目标与发展规划为出发点，将持有的有形资产、无形资产、债权资产等向子公司投资，形成产权关系，并依法对子公司的经营活动进行约束和控制，进行间接管理。子公司获得母公司的投资资产的实际占有后，仍然独立经营，实现母公司的资产经营目标。在设置产权结构时，母公司应积极引导子公司寻求多元化的投资，形成多元化的产权结构。

（二）集团企业融资管理

资本融通和资本管理是集团企业融资管理的主要内容。其中，资本融通是十分必要的，能够实现资本的互助互济和互惠互利。资本融通包括三种基本方式：外部资本融通、内部资本融通和产融结合化。选择恰当的资本融通方式，做好集团企业资金的全过程管理、统一管理和重点管理。

（三）集团企业投资管理

母公司将有形资产、无形资产、债权资产等投入子公司，成为子公司的股东并根据股权大小行使所有权职能。子公司是这些投入资产的实际占有者，享有资产占有权和使用权并对公司债务承担有限责任。从资产管理关系上看，母公司对资产具有约束力，可以实施间接管理。子公司尽管是资产的实际占有者，但不能脱离母公司的产权约束，实现绝对的独立经营。母公司与子公司之间资产关系的协调是实现母子公司双方利益的重要前提。

在确定了母子公司投资管理关系明确的前提下，集团企业可对子公司的资产进行管理。集团企业会从投资机会、投资方向、投资规模、投资项目四个方面进行投资决策。

（四）集团企业内部转移价格管理

成员企业在集团企业内部转让中间产品的价格就是内部转移价格。制订转移价格是内部转移价格管理的关键。在制订转移价格时要在确保集团企业利益的前提下做到公平、公正、合理。

（五）集团企业收益分配管理

集团企业收益分配要注意两个主要方面：一是集团企业与国家利益间的利益分配；二是集团企业核心层与紧密层的利益分配。集团企业与国家利益间的分配体现了国家与集团企业的财政分配关系，集团企业核心层与紧密层的利益分配才是集团企业利益分配的核心内容。

（六）集团企业财务监控

1. 人员监控。

集团企业可以通过对子公司财务人员的管理实现对子公司财务活动的监控，通过集中管理或双重管理制度实现集团企业内部财务人员的垂直管理。

2. 制度监控。

根据集团企业的经营管理需求和自主理财的需要，可以补充制定内部财务管理制度和会计管理制度，进一步规范集团企业内部不同层次企业的财务管理工作。

3. 审计监控。

通过内部审计的方式可以增强对集团企业内部财务监督的力度。审计监督工作要有完整健全的审计机构，明确审计监督的重点和要点。

二、集团企业财务管理信息化

（一）集团企业财务管理信息化的概念

集团企业财务管理信息化即现代信息技术在集团企业财务管理中的应用。在集团企业中，财务管理部门运用现代信息技术将集团企业的各项管理流程进行整合，并快速、准确地将充分的信息提供给集团企业的各层管理者，同时，还能通过对财务管理信息的分析与加工对集团企业财务活动进行有效的控制、分析和评价，在整体上提高集团企业的财务管理水平。

（二）集团企业财务管理信息化的作用

在集团企业实行财务管理信息化的作用主要体现在四个方面。

首先，财务管理信息化能够极大地提高集团企业管理数据处理的速度和效率，有效提高管理数据的准确性。

其次，财务管理信息化能够提高集团企业财务管理的质量和水平，现代信息技术的应用使繁杂的财务管理工作简化、快捷，减轻了财务管理工作人员的工作负担和劳动强度。

再次，财务与管理信息化能够增强集团企业管理能力、控制能力以及应对风险的能力。财务管理信息化能够转变传统财务管理事后分析、事后管理的情况，做到实时监控，提高了集团企业的决策水平。

最后，与时俱进的财务管理理念能够促进集团企业管理层理念和观念的更新，推动集团企业在财务管理方式、财务管理理论上的创新和发展，从而推动集团企业财务管理水平的不断提高。

（三）集团企业财务管理信息化的内容

集团企业财务管理信息化涉及的范围广，工作内容多。从横向上看，集团企业财务管理工作有图中的资金管理、全面预算、合并报表等方面（见图4-3）。从纵向上看，集团企业财务管理主要有财务总部、子公司财务总部、子公司核算部门等多个层次（见图4-4）。集团企业财务管理信息化的内容可以归纳为四个主要方面：第一，通过现代信息技术建立、健全、管理和维护集团企业财务管理信息系统；第二，加强对集团企业财务管理信息资源的综合开发，优化资源配置与利用；第三，转换集团企业财务管理模式和业务流程，使集团企业财务管理工作的各流程进行整合与集成；第四，加强财务管理信息化人才的培养。

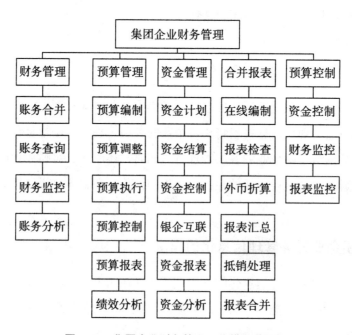

图4-3　集团企业财务管理工作横向范围图

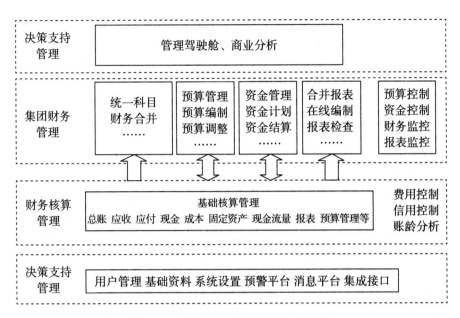

图4-4　集团企业财务管理纵向层级图

（四）集团企业财务管理信息化的方法

1. 树立集团企业绩效管理的核心思想

集团企业财务管理信息化可以建立一个以企业绩效为核心的财务管理体系，并提供一套切实可行的衡量企业绩效的方法和工具，建立一个快速的、可持续的、健康成长的集团企业财务管理体系。

2. 建立符合集团企业财务管理信息化的应用架构

一个良好的集团企业财务管理信息化应用架构要面向集团企业所有财务管理人员并对集团企业的财务进行全面管理。通过该应用架构实现集团企业由会计核算型财务管理转变为经营决策型财务管理，实现集团层面的账务管理、预算管理、资金管理的统一。

3. 建立统一、规范的财务核算体系

统一、规范、严格的财务核算体系是集团企业财务管理的基础。集团企业的成员企业大多为跨地区或跨国经营，统一的财务核算体系能够在业务处理现场及时地提供系统响应，同时集团内部也可以获取业务处理现场的实时信息。

4. 建立账务集中管理平台

建立一个财务集中管理平台是集团企业财务管理信息化的必然要求。账务集中管理平台的建立要充分考虑到集团企业管理的复杂程度，能够良好地把握财务管理的集权与分权

的"度"，对子公司企业的账务制度进行统一管理，并实现集团企业账务数据的合并。图4-5所示为典型的集团账务集中解决方案。

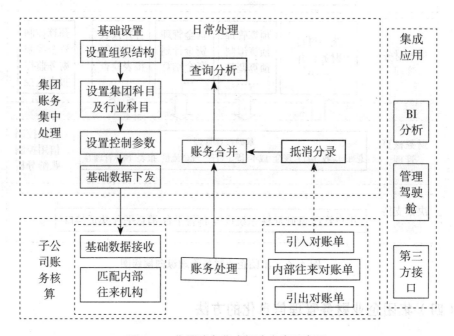

图 4-5　集团账务集中解决方案示意图

5.实施全面预算管理

实施全面预算管理是实现集团企业内部资源优化配置、优化财务管理工作流程的重要手段。建立一套标准的全面预算指标体系和控制体系，通过实施新会计准则完善集团企业的内部控制和业务流程，实现集团企业内部资源的优化配置，从而达到全面提升集团企业管理绩效的目的。集团企业预算管理体系如图4-6所示。

6.建立资金管理解决方案，支持多种资金管理模式

建立集团企业资金集中管理平台和资金管理方案，支持资金管理账户分散、收支两条线、账户集中等多种资金管理模式，对集团企业资金进行统筹调控，提高资金利用效益，从而达到提高集团企业总体效益的目标。

7.建立集中报表平台

在集团企业中，不同层级对信息数据的需求也不同（见图4-7）。及时、准确地为不同层级提供相应的信息数据是集团企业财务管理的基本要求。其中，集团总部需要总览全局，对集团企业的经营管理进行实时监控，这就需要一个能够获取各部门数据的集中报表平台，并能根据各部门提供的数据编制符合会计准则的报告以供集团企业总部决策使用。

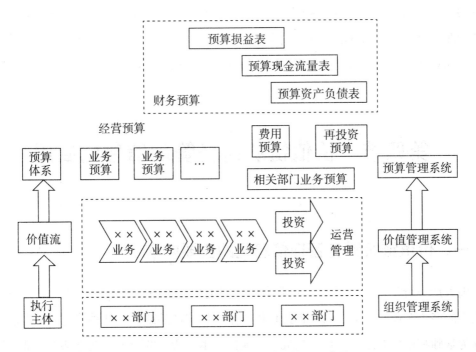

图4-6　典型集团企业预算管理体系示意图

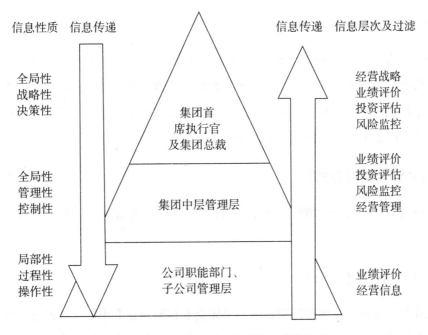

图4-7　不同角色的不同需求信息示意图

8. 制订、实施决策支持方案

随着集团企业的壮大、业务的发展，使得集团企业的财务业务数据几何级增长。如何充分利用现有数据发挥集团企业的竞争力，制订科学的决策是当前大多数集团企业正在面临的问题。这就需要制订能够充分挖掘、利用财务、供应链等提供系统数据的决策支持方案，帮助管理层从海量的数据中提取有价值的数据信息。

第四节　价值链级财务管理信息化应用

一、价值链级财务管理信息化的主要内容

随着产业分工的不断细化，企业内部不同类型的价值创造活动逐渐发展为构成上下游关系的多个企业的活动，共同创造价值。生产特定产品或围绕某种特定产品需求所形成的互为基础和依赖的链条关系就构成了产业链。本节所说的价值链就是基于产业链的价值链。基于价值链的财务管理的内容主要由价值链的成本控制、财务协同、财务决策构成。

（一）价值链成本控制

上下游企业之间通过协同活动控制成本，从而提高价值链的竞争优势，获取超额利润，这是价值链的核心所在。所以，成本控制是价值链上各企业关注的重点。不同于单个企业的成本控制，价值链成本控制是通过供应链的合理控制与规划实现的，以此降低价值链上企业的采购成本，进而降低价值链的成本。

（二）价值链财务协同

价值链财务协同是指价值链上各企业间相互交换财务信息并通过网络财务平台实现线上支付。

（三）价值链财务决策

价值链财务决策的主体和决策目标与单体企业和集团企业不同，价值链上的企业仍然可以按照个体价值最大化制订决策，但在执行决策时需要考虑到其他企业的反应，所以价值链财务决策属于博弈性决策。

二、价值链级财务管理信息化的实现策略

根据价值链的特点，价值链财务管理信息化的实现策略呈现为由核心企业主导和无核心企业主导两种形式。

（一）由核心企业主导的价值链财务管理

当价值链上的某个企业处于支配地位时，就确定了该企业在价值链财务管理中占主导地位。通常会由核心企业确定价值链财务管理模型并构建财务管理平台，加入价值链的其他企业也必须接受核心企业制订财务管理标准并进行交易活动。比如：某产品的销售代理企业，可以登录该产品的生产企业的财务信息化平台进行产品的订购、结算和销售。

（二）无核心企业主导的价值链财务管理

当价值链上没有企业处于支配地位时会实行无核心企业主导的价值链财务管理模式。这种模式的实现需要较高的信息化程度和良好的信息化运行环境，如推行数据与信息的交换标准、接口标准等。价值链上的企业都按照制订的标准处理、交换信息和数据，或者通过第三方提供的财务管理平台进行财务管理活动。

第五章 现代财务管理的创新理念

第一节 绿色财务管理

所谓的绿色管理，具体来讲是将环保和资源管理以及社会效益融合到一起的一种管理方法。

一、绿色财务管理概述

在之前管理方法的基础之上，更加关注环境及资源，它的目的主要是带动社会的长久发展。

（一）绿色财务管理的内容

1.绿色财务活动

它在原有的财务内容中增加了环保和资源利用两个要素，它规定相关的主体在开展财务工作的时候，不单单要将经济效益考虑在内，还要将资源的全面利用及消耗能力、生态的受损程度以及恢复所需的资金等考虑在内，它更加重视社会的长远发展。

2.绿色财务关系管理

绿色财务关系管理是在原有与出资人、债权人、债务人、供应商、买家、政府、同行等财务关系管理的基础上，增加了对资源关系、环境关系的管理内容。具体来讲，在开展新项目的时候，除了要做好和环保机构的沟通工作以外，还要联系资源部门，这样做的目的是保证新项目在新的状态之下不会有较为严重的问题产生，否则就会导致资源受损，无法被永久利用。

（二）开展绿色管理的意义

1. 带动财务管理工作的进步

我们都知道，作为一种科学体系，财务管理工作并不是一成不变的，它是会伴随社会的发展而一直进步的。当相关环境改变了，与之对应的各种系统及体制等都会随之改变，只有这样才能够适应新的发展态势。当今社会，资源的总数只会减少，并不会增加，因此为了长久地发展，就必须开展绿色管理。

2. 促进社会和谐发展

人类出于自身生存和发展的需要，我们需要一直开展各种活动，而各种活动的最终目的都是获取利益。由于人的总数在不断地增加，虽说一个单体的活动可能不会对资源及生态产生负面效应，但如果是几十亿人共同活动呢？后果可想而知。所以，为了避免生态继续恶化，为了我们的子孙后代能够更好地生活在这个世界上，就要开展资源和生态保护工作。在这种背景之下，我们就必须开展绿色管理。

二、加强绿色财务管理的措施

（一）加快对环境、资源等产权认定的研究步伐

虽然对环境、资源等的产权认定很难，但是，在人类社会可持续发展的需要面前，一定要发挥主观能动性，迎难而上，攻坚克难。首先，对绿色财务管理的认识、了解和重视，不应仅仅停留在口头上，更要落实在具体行动中；其次，要加强绿色财务管理研究人员的队伍建设，不仅要培养会计方面、财务管理方面的专业人员，更要培养环境保护方面、资源管理方面的专业人员，以及精算师、数学、地理等方面的专业人员，这是一项浩大的关系人类社会千秋万代的工程；最后，思想上重视了，人员到位了，还需要坚定不移地落实和执行，这项工作漫长而琐碎，任务很艰巨。

（二）加强各国政府间的沟通协作，责任共担，共同发展

在绿色财务管理的推行上，各国政府责无旁贷，加强各国政府间的沟通协作，责任共担，才能共同发展、共同繁荣。首先，要摒弃的就是在环境保护和资源管理方面的从众心理，各国政府都应该认识到绿色财务管理的重要性、政府行为的重要性，加强政府间的沟通与协作，共同履行具有国际约束力的环境保护和资源管理公约；其次，要结合自身实

际，灵活制定相关政策、法律和法规，并强制执行；最后，要加强相关的舆论宣传，通过舆论导向引导每一个主体的行为，从而为环境的净化和资源的可持续开发利用提供可能。

（三）健全绿色财务管理的评价体系

健全绿色财务管理的评价体系，需要把评价体系具体细化，增加新的评价指标，并加以量化。但是诸如环境改善带来的幸福指数、资源利用效率提高带来的经济效益等这些指标很难量化。而且，人类对绿色财务管理的认知还在不断进步，这也涉及绿色财务管理的评价体系的后续完善工作。

（四）政府引导，加强对绿色财务管理的执行和监督

政府间的合作共赢在绿色财务管理的推行上固然重要，但是，具体执行和监督涉及每个人、每个企业、每个组织、每个国家等各个主体，所以，政府的引导非常重要。除了政策、法律先行之外，相关的奖励和惩罚措施也非常重要，具体如何处理，需要相关主体的严格执行和监督到位。

第二节　企业财务管理信息化建设

企业财务管理信息系统是企业管理信息系统的核心组成部分。随着当前网络与通信技术的高速发展，特别是以目标成本管理和预算控制管理为核心的现代化财务管理系统的发展，简单的财务电算化管理信息系统已经不能够满足企业对管理信息的要求。企业需要更健全、更完善的财务管理信息系统——一个集会计核算、财务管理和经营管理为一体的财务管理信息系统。财务管理信息化需要由单纯的会计核算型向财务管理分析型及企业的信息系统集成型转变，进而为企业生产、经营和管理提供信息集成和决策辅助功能。

一、信息化建设的重要意义

从管理角度来看，信息化建设在企业财务管理工作中具有重要的实践意义，主要表现在以下四个方面。

（一）信息化在财务管理工作中的应用大大提高了企业财务管理工作水平

特别是信息化的应用，把会计人员的双手从过去繁重的手工劳动中解放出来，会计人员只需掌握信息系统的一些简单操作方式，就可以对财务数据进行计算机录入，必要时还可以进行反复修改，及时进行会计核算，制作各种财务报表。毫无疑问，利用信息化系统完成这些工作，差错率小、可靠性高，提升了财务数据的准确性。

（二）信息化在财务管理中的应用可以有效控制企业成本

成本控制是企业财务管理工作的核心环节，也是企业实现最终盈利的根本保障。利用财务管理信息化建设的先进性，企业财务部门可以全程掌握生产经营中各项大额成本支出的请购、采购、库存和审批等过程，使生产经营中各项大额成本支出的请购、采购、库存和审批等过程在运行中留有痕迹，提高了企业对成本支出等费用的管控能力，降低了各项成本费用指标的超标可能。

（三）财务管理信息化建设使企业的资金管控更为严格

企业的日常经营管理活动是以预算管理为主线、以资金管控为核心而开展的，是以货币计量方式对企业经营活动的资金收支情况进行统计和记录的。其中，在企业项目资金的管理方面，企业是以资金使用的活动情况为核算对象的。如果构建了财务管理工作的信息化系统，企业就可以借助信息化系统对企业资金使用情况进行统筹和预测，降低企业采购与财务之间的往来频率，企业财务人员也能够利用信息化系统了解采购计划的相关信息，有针对性地制订出筹集资金和付款计划，提高工作效率，减少管理漏洞。

（四）财务管理信息化建设提升了企业财务信息传递与交流的时效性

21世纪企业之间的竞争，当然也是信息的传递与交流之间的竞争。可以说，在财务管理中进行信息化建设，可以有效整合各部门之间的财务信息和数据，进而借助计算机网络进行汇总、分析、分流和反馈，极大地提高了企业财务信息传递与交流的时效性。

二、企业财务管理信息化建设的发展策略

（一）树立正确的财务管理信息化发展观念

企业财务管理信息化建设是企业实现财务管理现代化的重要前提，是一项以计算机应

用技术、互联网应用技术、信息通信技术和"互联网+"技术为基础的复杂的系统工程。这一工程的顺利建设和竣工，需要企业各级领导、各个部门的通力合作、全面支持，不可能一蹴而就。因此，在财务管理信息化建设进程中，企业各级领导和各个部门必须树立正确的信息化发展理念，既不能忽视、漠视、无视财务管理信息化建设对于企业发展里程碑般的重要意义，也不能操之过急，罔顾企业的技术条件和操作人员的专业化水平，仓促引进、盲目上马，造成财力、物力、人力等的浪费，更不能过分强调、放大财务管理信息化建设的功能，把信息化建设看成是可以解决一切财务问题的万能钥匙。在财务管理信息化建设进程中，企业各级领导和各个部门应本着实事求是、循序渐进的原则，在综合考量企业各方因素、条件的基础上，按部就班、有条不紊地实施信息化工程建设，这样才能为以后信息化建设在企业财务管理中发挥应有的作用奠定良好的技术和管理基础。

（二）加强领导对财务管理信息化建设的重视

21世纪是信息化时代，信息化代表了先进的社会生产力，已经成为当今社会发展的大趋势。21世纪正在经历一场革命性的变化，世界范围内的信息技术革命将对人类社会变革的方向产生决定性的影响，将在全世界范围内建立起一个相互交融的全新的信息社会。所以，企业要完成财务管理信息化建设，企业领导就要首先对财务管理信息化建设给予足够的重视，身体力行，结合企业的具体发展情况，根据财务管理工作的实际需要，切合实际地制订出具有企业特色的财务管理信息化建设规划。由于财务管理信息化建设资金需求量大，所以如果没有企业主管领导的力挺，信息化建设所需的大量资金是无法悉数到位的。因此，企业领导对财务管理信息化建设的重视是信息化建设取得成功的关键。

（三）加大对财务管理信息化建设的人才培养力度

财务管理信息化建设虽然已经被企业界广泛接受，并且也得到了应有的重视，但是客观地讲，企业中财务管理信息化方面的操作人员和管理人才还相当缺乏。

因为，虽然财务管理信息化建设已经具备了广泛的社会影响力，但是从其发展历程来看，与传统的财务管理方式相比仍然是新生事物，仍然处在摸着石头过河的探索阶段。财务管理信息化建设既然是新生事物，就必然需要大批的专业人士来熟练驾驭它，所以，一旦财务管理信息化的操作系统或者是管理系统出现问题，靠企业自身的技术力量是没有办法解决的，企业只能请"外援"前来指点迷津。仅从这一点来看，加大财务管理信息化建设的人才培养力度，对于企业财务管理信息化建设的有效开展和顺利实施是尤为重要的。

（四）注重对财务管理信息化软硬件设施并重的建设

在世界范围内的信息技术革命的推动下，财务信息化已经成为一种必然趋势。在大的时代背景下，企业没有退路，也没有选择的余地，只有认识、接受、建设和发展信息化才是明智的抉择，才不会被信息技术进步的浪潮淘汰出市场格局。企业要强化信息化建设成果，就必须坚持软件设施建设与硬件设施建设并重的原则，绝不可厚此薄彼。硬件设施是信息化建设的先决条件，离开它，企业财务管理信息化建设就无从谈起；软件设施是信息化建设的灵魂所系，没有它，企业财务管理信息化建设就是一潭死水。只有把软件设施建设与硬件设施建设有机结合在一起，让两者同步前进、协同发展，企业财务管理信息化建设才能真正实现其建设的初衷，才能真正做到为企业发展助力加油。

第三节　人工智能应用于财务管理

当前，人工智能技术已经在我国得到了较快的发展，将人工智能技术与财务管理有机融合，能够实现先进高效的规划、预测、决策、预算、控制、分析等各种财务工作。人工智能在财务管理中的应用，将原本繁复的财务问题进行一一分解，变成若干子问题，然后得到最终的解题答案。

一、人工智能技术给财会行业带来的机遇

（一）提高了财会信息的处理质量

无论是财会行业还是审计行业，都必须严格遵循真实性原则，所以，为了提高财会信息的真实可靠性，应减少人工处理财会信息的次数，进一步拓展人工智能，从而为财会信息处理的质量和效率提供保证。

（二）促进财会人员有效地工作，节约人力成本

现阶段，我国已经出现了为小企业做账的专业公司，该公司研发的软件可利用电子技术对原始凭证进行扫描，自动生成符合各级政府部门要求的财务报表，这不仅减轻了财会人员的劳动强度，还有效保证了会计核算的实效性；审计部门利用开发的审计软件在提高

审计工作效率的同时，还能在深入剖析财会报告的过程中及时发现审计问题，进而采取科学高效的审计手段解决审计问题。

（三）实施完善的风险预警机制，强化财会人员的风险意识

虽然已经有很多企业具备了风险危机意识，但在风险防范和风险发生过程中的决策能力不足。导致这种情况的根本原因在于企业缺乏一套切实可行、健全的风险预警机制，财会人员无法准确判断存在的风险，也不具备风险意识，所以，当遇到风险问题时往往显得手足无措。首先，由于企业内部资金项目具有繁复性特点，很难顺利地开展纵横向对比；其次，财会人员缺乏较高的信息处理综合能力。因此，利用人工智能技术创建风险预警模型，通过各类真实可靠的财务数据对财务风险进行事先预警，不仅保障了企业资金的运营效率，而且还帮助企业及时找出不足之处，从而创设和谐美好的企业发展环境。

（四）实现了更为专业的财会作业流程

当前，财政部已经将管理会计列入了会计改革与发展的重点方向。过去针对业务流程来确立会计职能的工作模式，不仅会造成会计信息核算的重复性，而且还会影响财务风险预警的有效运行。所以，随着人工智能技术的全面渗透，企业将会对那些只懂得进行重复核算工作的财会人员进行精简，聘用更多有助于自身健康发展的、具备完善管理会计知识的财会人员。

二、人工智能技术在财务管理中的应用

（一）财务管理专家系统

财务管理专家系统涉及财务管理知识、管理经验、管理技能，主要负责处理各类财务问题。为了减轻财务管理专家对财务管理过程的描述、分析、验证等工作的劳动强度，很多企业都将涉及管理技能、管理理念及管理环境的财务管理专家系统应用到财务管理工作中。

人工智能技术在财务管理专家系统中的应用，根据具体的财务管理内容将其划分为筹资管理专家系统（涉及资金管理）、投资管理专家系统、营运管理专家系统（涉及风险管理与危机管理）、分配管理专家系统。这些系统中又涵盖了财务规划及预测、财务决策、财务预算、财务分析、财务控制几方面的子系统。

在对各系统进行优化整合后，财务管理专家系统的综合效用便体现出来了：提高了财

务预测的精准度，强化了财务决策的科学性，实现了财务预算与实际的一致性，提高了财务控制效率，财务分析更加细致全面，进一步拓展了财务管理的覆盖面。

财务决策子系统在整个系统中占据重要的比重，而财务决策子系统的顺利运行离不开其他子系统的支持，因此，对这些子系统进行集成后形成了智能化的财务决策支持系统。利用智能化的财务决策支持系统有助于综合评估内部控制与资产分配情况，通过对投资期限、套期保值策略等进行深入分析后，能使投资方案进一步优化和完善。

（二）智能财务管理信息共享系统

财务管理查询系统和操作系统是智能财务管理信息共享系统的主要内容。通过 Microsoft Visual Studio.NET 对财务管理查询系统进行部署，然后操作系统中的 IIS 服务负责相关发布。将 .NET 框架设置于发布平台上，该框架负责运作各个 .NET 程序。

为财务管理信息共享提供相应的体系结构，企业会在节约成本的理念下向所有利益有关方传递真实可靠的关联财务信息。简单举例，随着 B／S 模式体系结构的构建并使用，企业实现了成本的合理节约，促进了各财务信息的及时有效共享，提高了财务信息处理效率。

通过操作系统中的 IIS 来发布财务管理查询系统，企业内部各职能部门只需要进入 Web 浏览器就能及时访问，而企业外部有关使用者只需要利用因特网就能对单位每一天的财务状况予以充分的掌握。

随着智能财务管理信息共享系统的生成并被投入使用，财务管理工作变得更加完善、成熟，同时，在智能财务管理信息共享系统中利用接口技术吸收 ERP 财务信息包，实现了财务管理信息的透明化、公开化，突出了财务管理的即时性。

（三）人工神经网络模型

所谓的人工神经网络，指的是通过人工神经元、电子元件等诸多的处理单元对人脑神经系统的工作机理与结构进行抽象、模仿，由各种联结方式共同组成的网络。人工神经网络从范例学习、知识库修改及推理结构的角度出发，拓展了人类的视野范围，并强化了人类的智能控制意识。

人工神经网络模型涉及诸多神经元结合起来产生的模型，人工神经网络涵盖反馈网络，也可称之为递归网络与前馈网络两个部分。其中，反馈网络是由诸多神经元结合后生成的产物，将神经元的输出及时反馈到前一层或者同一层的神经元中，这时信号可实现正向传播与反向传播。由于前馈网络存在递阶分层结构，因此，同一层中各神经元不可以相互连接，由输入层进入输出层的信号主要以单向传播方式为主，将上层神经元和下层神经元进行了连接，同一层神经元相互之间不能连接。

人工神经网络存在很多类型，比如RBF网络、BP网络、ART网络等。

其中，RBF神经网络现已在客户关系管理、住宅造价估算等领域中得到了有效应用；BP神经网络现已在战略财务管理、风险投资项目评价、固定资产投资预测、账单数据挖掘、纳税评估、物流需求预测等众多领域中得到了有效应用；ART神经网络现已在财务诊断、财务信息质量控制、危机报警等领域中得到了高效的应用。

随着经济领域和管理领域对人工智能技术的广泛应用，越来越多的学者将研究重心放在了人工智能层面上，而财务管理中应用BP神经网络来预测财务状况取得了可喜的成果。因此，BP神经网络成为现代人工智能应用研究的关键点，而成功的研究经验为财务管理的研究提供了重要依据。

综上所述可知，随着科学技术的快速发展，智能化的财务管理已成为必然，运用智能财务管理专家系统有助于提高财务管理水平及效率。今后的财务管理专家系统将逐步朝着智能化、人性化、即时化的方向快速迈进，可以想象，那个时候的智能财务管理专家将会全权负责繁复的财务管理工作，使财务管理人员不再面临庞大的工作量。出于对财务主体持续发展的考虑，在"以人为本"理念的基础上推行科学化财务管理工作，要在保证财务主体良性循环发展的同时，为各利益有关者提供预期的效益。

第四节　区块链技术应用于财务审计

区块链可以针对交易创建一个分布式账目，在这一分布式账目中，所有交易的参与者都能存储一份相同的文件，可以对其进行实时访问和查看。对于资金支付业务来说，这种做法影响巨大，可以在确保安全性和时效性的基础上分享信息。区块链的概念对财务和审计有着深远影响。随着财务会计的产生和发展，企业财务关系日益复杂，特别是工业革命兴起，手工作坊被工厂代替，需要核算成本并进行成本分析，财务管理目标从利润最大化发展到股东权益最大化。进入信息时代以来，互联网技术日益发展，企业交易日益网络化，产生大量共享数据，人们开发了基于企业资源计划的会计电算化软件和基于客户关系的会计软件，传统企业进行业务交易，为了保证客观可信，通过各种纸质会计凭证反映企业间经济关系真实性，在互联网时代，企业进行业务往来可以通过区块链系统实现两个节点数据共享，以云计算、大数据为代表的互联网前沿技术日益成熟，传统财务管理以成本、利润分析为中心的模式被基于区块链无中心财务分析模式替代。由此可见，区块链技术的应用对财务、审计发展的影响是极为深远的。

一、区块链的概念与特征

区块链就是一个基于网络的分布处理数据库。企业交易数据是分散存储于全球各地的，如何才能实现数据相互链接，这就需要以相互访问的信任作为基础。区块链通过基于物理的数据链路将分散在不同地方的数据联合起来，各区块数据相互调用其他区块数据并不需要一个作为中心的数据处理系统，它们可通过链路实现数据互链，削减现有信任成本，提高数据访问速率。区块链是互联网时代的一种分布式记账方式，其主要特征有以下几点。

（一）没有数据管理中心

区块链能将储存在全球范围内各个节点的数据通过数据链路互联，每个节点交易数据能遵循链路规则实现访问，该规则基于密码算法而不是管理中心发放访问信用，每笔交易数据由网络内用户互相审批，所以不需要一个第三方中介机构进行信任背书。对任一节点攻击，不能使其他链路受影响。而在传统的中心化网络中，对一个中心节点实行有效攻击即可破坏整个系统。

（二）无须中心认证

区块链通过链路规则，运用哈希算法，不需要传统权威机构的认证。每笔交易数据由网络内用户相互给予信用，随着网络节点数增加，系统的受攻击可能性呈几何级数下降。在区块链网络中，参与人不需要对任何人信任，只需两者间相互信任，随着节点增加，系统的安全性反而增加。

（三）无法确定重点攻击目标

由于区块链采取单向哈希算法，由于网络节点众多，又没中心，很难找到攻击靶子，不能入侵篡改区块链内数据信息。一旦入侵篡改区块链内数据信息，该节点就被其他节点排斥，从而保证数据安全，又由于攻击节点太多，无从确定攻击目标。

（四）无须第三方支付

区块链技术产生后，各交易对象之间交易后，进行货款支付更安全，无须第三方支付就可实现交易，可以解决由第三方支付带来的双向支付成本，从而降低成本。

二、区块链对审计理论、实践的影响

（一）区块链技术对审计理论体系的影响

1.审计证据变化

区块链技术的出现，使传统的审计证据发生改变。审计证据包括会计业务文档，如会计凭证。由于区块链技术的出现，企业间交易在网上进行，相互间经济运行证据变成非纸质数据，审计对证据核对变成由两个区块间通过数据链路实现数据跟踪。

2.审计程序发生变化

传统审计程序从确定审计目标开始，通过制订计划、执行审计到发表审计意见结束。计算机互联网审计要求采用白箱法和黑箱法对计算机程序进行审计，以检验其运行可靠性，在执行审计阶段主要通过逆查法，从报表数据通过区块链技术跟踪到会计凭证，实现数据审计工作的客观性和准确性。

（二）区块链技术对审计实践的影响

1.提高审计工作效率、降低审计成本

计算机审计比传统手工审计效率高。区块链技术为计算机审计的客观性、完整性、永久性和不可更改性提供保证，保证审计具体目标的实现。区块链技术产生后，人们利用互联网大数据实施审计工作，大大提高了审计效率，解决了传统审计证据不能及时证实、不能满足公众对审计证据真实、准确要求的问题，满足了治理层了解真实可靠的会计信息，实现了对管理层有效监管的目的。在传统审计下，需要通过专门审计人员运用询问法对公司相关会计信息发询证函进行函证，从而需要很长时间才能证实，审计时效性差。而计算机审计，尤其是区块链技术产生后，审计进入网络大数据时代，分布式数据技术能实现各区块间数据共享追踪，区块链技术保证这种共享的安全性，其安全维护成本低；由于区块链没有管理数据中心，具有不可逆性和时间邮戳功能，审计人员和治理层、政府、行业监管机构可以通过区块链及时追踪公司账本，从而保证审计结论的正确性；计算机自动汇总

计算，也保证审计工作的快速高效。

2. 改变审计重要性认定

审计重要性是审计学中的重要概念。传统审计工作需要在审计计划中确定审计重要性指标作为评价依据，审计人员通过对财务数据进行计算，确定各项财务指标，计算重要性比率和金额，通过手工审计发现会计业务中的错报，评价错报金额是否超过重要性金额，从而决定是否需要进一步审计。而在计算机审计条件下，审计工作可实现以账项为基础的详细审计，很少需要以重要性判断为基础的分析性审计技术。

3. 内部控制的内容与方法也不同

传统审计更多采用以制度为基础的审计，更多运用概率统计技术进行抽样审计，从而解决审计效率与效益相矛盾的问题。区块链技术产生后，人们运用计算机审计，审计的效率与效果都提高了。虽然区块链技术提高了计算机审计的安全性，但计算机审计风险仍存在，传统内部控制在计算机审计下仍然有必要，但其内容发生了变化，人们更重视计算机及网络安全维护，重视计算机操作人员岗位职责及岗位分工管理与监督。内部控制评估方法也更多从事后调查评估内部控制环境，过程中运用视频监控设备进行实时监控。

三、区块链技术对财务活动的影响

（一）对财务管理中价格和利率的影响

基于因特网的商品或劳务交易，其支付手段更多表现为数字化、虚拟化，网上商品信息传播公开、透明、无边界与死角。传统商品经济条件下的信息不对称没有了，高品价格更透明了。财务管理中运用的价格、利率等分析因素不同以前；边际贡献、成本习性也不同了。

（二）财务关系发生变化

财务关系就是企业资金运动过程中所表现的企业与企业经济关系，区块链运用现代分布数据库技术、现代密码学技术，将企业与企业以及企业内部各部门联系起来，通过大协作，从而形成比以往更复杂的财务关系。企业之间资金运动不再需要以货币为媒介，传统企业支付是以货币进行，而现代企业支付是电子货币，财务关系表现为大数据之间的关系，也可以说是区块链关系。这种关系减少了不少地方关系。

（三）提高财务工作效率

1. 直接投资与融资更方便

传统财务中，筹资成本高，需中间人如银行等参与。区块链技术产生后，互联网金融得到很大发展，在互联网初期，网上支付主要通过银行这个第三方进行，区块链能够实现新形式的点对点融资，人们可以通过互联网，下载一个区块链网络的客户端，就能实现交易结算，如投资理财、企业资金融通等服务，并且使交易结算、投资、融资的时间从几天、几周变为几分、几秒，能及时反馈投资红利的记录与支付效率，使这些环节更加透明、安全。

2. 提高交易磋商的效率

传统商务磋商通过人员现场交流沟通，对商品交易价格、交易时间、交货方式等进行磋商，最后形成书面合同，而在互联网下，由于区块链技术保证网上沟通的真实、安全、有效，通过网上实时视频磋商，通过网络传送合同，通过区块链技术验证合同有效性，大大提高了财务业务的执行效率。

（四）对财务成本的影响

1. 减少交易环节，节省交易成本

由于区块链技术的运用，电子商务交易能实现点对点交易结算，交易数据能同ERP财务软件协同工作，能实现电子商务交易数据和财务数据及时更新，资金转移支付不需通过银行等中介，解决双向付费问题，尤其在跨境等业务中，少付许多佣金和手续费用。

2. 降低了信息获取成本

互联网出现后，人们运用网络从事商务活动，开创商业新模式，商家通过网络很容易获得商品信息，通过区块链技术，在大量网络数据中，运用区块链跟踪网络节点，可以监控一个个独立的业务活动，找到投资商，完成企业重组计划，也可以通过区块链技术为企业资金找到出路，获得更多投资收益。可见，区块链降低了财务信息获取成本。

3. 降低信用维护成本

无数企业间财务数据在网络上运行，需要大量维护成本，如何减少协调成本和建立信任的成本，区块链技术建立不基于中心的信用追踪机制，人们能通过区块链网络检查企业交易记录、声誉得分以及其他社会经济因素可信性，交易方能够通过在线数据库查询企业

的财务数据，来验证任意对手的身份，从而降低了信用维护成本。

4.降低财务工作的工序作业成本

企业财务核算与监督有许多工序，每一工序都要花费一定成本。要做好企业财务工作，保证财务信息真实性，必须运用区块链技术，由于其无中心性，能减少财务作业的工序数量，节省每一工序时间，在安全、透明的环境下保证各项财务工作优质高效完成，从而总体上节约工序成本。

第五节　网络环境下的财务管理

财务管理在企业中的重要地位众所周知，财务管理工作更要适应企业，才能充分发挥其作用，更好地推动企业的发展。随着互联网技术的飞速发展，传统的财务管理难以跟上企业发展的步伐，给企业带来了严重的影响。创新财务管理成为企业实现可持续发展的必然措施，以促进财务管理工作更加适合企业的现代化发展。

一、网络环境下财务管理的优势

在财务管理中应用网络技术，一方面能够给财务管理提供更加精准的数据信息，同时便于数据的收集、整理和分析，不仅大大提高财务管理的质量和效率，避免或降低财务风险，还可以给企业的管理层提供客观、可靠、科学的决策信息，准确判断企业经营的现状，确定企业以后的经营方向；另一方面打破了地域、空间的限制，有效地实现了资源共享，既能够实现企业部门间的信息互通，还能够实现跨区域数据共享，企业可以及时获取运营数据，对企业的生产经营进行调整，实现财务与业务的协同管理模式，帮助企业在市场竞争中站稳脚跟，提高市场竞争力。

二、网络财务管理存在的主要问题

网络财务管理虽然有很多优势，但从目前情况分析，仍存在四个主要问题。

（一）网络财务管理的安全问题

网络财务管理虽然具有开放性优势，但也存在一些不容忽视的安全问题。例如：财务管理人员没有及时将有关信息存入磁盘、光盘，如果计算机出现问题，财务信息就有可能遗失，影响档案资料的调阅和查找；财务人员删除或伪造财务信息，可以不留痕迹；电脑病毒频繁出现，计算机遭受恶意攻击，难以保证网络财务管理工作的顺利进行。

（二）网络财务管理的资料保管问题

1. 财务档案保管不规范

财务档案是进行司法处理的有效证据，必须建立严格的保管制度。财务档案的保管，有很多不符合要求的地方。一些部门除了建立综合档案室外，其内部职能科、股、室又分别设立了小档案室，造成部分档案资料无法集中保管，遗失严重。一些部门在进行财务交接时，没有将财务档案妥善保管，有的甚至任意销毁，导致资料调阅和查找十分困难。有的资料室借阅制度不够完善，财务档案存在随意查阅和借出的现象。

2. 档案管理人员综合素质不高

一些部门对档案管理认识不足，投入力度不大，没有按要求配备专业的工作人员，而是由财务人员具体负责。这些财务人员，没有系统学习存档基本知识，整理的档案达不到规定标准。

（三）网络财务管理的审计取证问题

由于受传统财务管理的影响，审计人员习惯从账目中查找问题，凭证、账簿、报表成为审计取证的主要依据，审计线索十分清楚。在网络财务管理中，传统单据和纸质记录均已消失，各种财务信息都是以电子形式进行记录，肉眼无法辨别。如果被篡改或删除，几乎没有任何印迹，审计人员很难查找到其中的漏洞，加大了审计难度。

（四）网络财务管理的技术人才问题

网络财务管理是网络技术和财务管理结合的产物，不仅需要财务人员熟悉财务知识、网络知识和金融法律知识，而且要掌握排除网络系统故障的方法，具备一定的创新能力。

三、实施网络财务管理的有效策略

（一）网络财务管理的安全策略

①实行档案资料保密制度。财务人员在重要数据处理结束时，应及时清除存储器、联

机磁带、磁盘程序，并及时销毁废弃的打印纸张。要定期查看财务档案的安全保存期限，并及时进行复制。②实行财务管理人员保密制度。网络财务管理人员，要签订管理责任状，做出相应承诺，保证在职期间和离职后不违反规章制度，泄漏财务机密。③实行技术监控制度。建立安全的网络财务系统，是网络财务管理顺利进行的根本保证。对财务信息的输入、输出和网络系统的维护，都要严格遵守操作章程，杜绝安全事故发生。要利用加密技术，解决密钥分发的问题；采取防火墙技术，对外部访问实行分层认证；利用数字签名技术和访问限制技术，防止会计系统遭受非法操作或人为破坏。④实行法律保障制度。要吸收和借鉴一些成功经验，探索并制定网络财务管理制度和准则，规范网上交易行为。要对违反管理规定的不法分子进行有力打击，为网络财务管理营造安全的外部环境。

（二）网络财务管理的资料保管策略

1. 严格建立造册登记制度

财会人员每月记账完毕后，应将本月所有记账凭证进行整理，检查有没有缺号、附件是否齐全；然后把每张凭证编上序号，加上封面和封底，按编号的先后顺序将凭证装订成册，贴上标签进行封存。财会人员要在装订成册的凭证封面上详细填写单位全称和会计凭证名称，同时加盖单位主要负责人和财务管理人员印章。

2. 严格建立资料查询制度

根据相关规定，对已经存档的会计资料，本单位需要查阅，必须经过有关领导同意。查阅时做到不拆封原卷册，不将原始凭证借出。外单位未经过本单位主要领导批示，不能查阅原始凭证，不能复制原始凭证，更不得擅自将原始凭证带离现场。

3. 严格建立保管和销毁制度

会计档案的保管和销毁，必须严格按照会计档案管理规章制度执行，任何人不得随意销毁财务档案。保管期满的财务档案，如果需要销毁，必须列出清单，按照规定经过批准后，才能销毁。

4. 严格建立信息备份和系统升级制度

财务管理人员在日常工作中要严格建立信息备份制度，及时将财务信息输入U盘和磁盘中，便于日后查询和系统恢复需要，以免造成不必要的损失。

（三）网络财务管理的审计取证策略

网络财务审计，是传统审计的一大飞跃，要采取多种措施提升取证质量。一是要开发审计系统。要研制出能从被审计部门准确有效地获取各种数据信息的系统软件，建立信息库，录入被审部门的有关信息，便于核查取证时查阅，提高数据信息质量。二是要规范审计程序。审计人员审计前要根据工作要求，准备相关材料，避免审计时出现不必要的偏差。审计结束后要仔细整理相关材料，使审计取证工作走向有序化、规范化。三是要严守职业道德。审计人员要加强学习，严格约束自己的言行，公平对待每个被审计部门，实行依法审计。

（四）网络财务管理的技术人才策略

1.加强培训力度，提高员工素质

优秀的复合型人才，是实施网络财务管理的根本保证。第一，要具备良好的专业素质。拥有丰富的文化知识和财务知识，能熟练进行网络系统的操作和维护。第二，要具备良好的心理素质。要保持积极向上的精神状态，在成绩面前保持谦虚谨慎的态度，面对挫折和失败有较强的心理承受能力。第三，要具备良好的交际能力、应变能力、观察能力。善于与外界打交道，面对困难能冷静思考、认真分析、妥善处理。

2.完善激励机制，激发工作潜能

激励人才需要以公平合理的绩效考核为根本，根据每个人的特长和爱好科学设置工作岗位，建立灵活的人才内部流通机制。激励既包括技能比试方面的，如网络知识答辩、计算机操作、会计业务信息化处理等，也包括物质和精神方面的，如加薪、外出考察、授予荣誉称号、休假、参与决策等。要营造一个公平、公正、公开的竞争环境，形成你追我赶、不甘落后的良好氛围，激发财务管理人员的工作潜能和工作热情，从而更好地完成目标任务。

第六章 财务数字化建设的实施

第一节 财务数字化建设与大数据应用分析

一、财务数字化建设的方向与角度

通过财务数字化的建设可逐步实现企业内部信息互联互通，甚至实现企业内外信息的互联互通。

企业数字化建设，目标是实现财务数字化、设计数字化、工艺数字化、供应链数字化、仓储物流数字化、生产数字化、服务数字化等，最终实现企业各地分公司和子公司之间的信息互联互通，达到降本增效的目标。企业要把自己的数字化与业务生态平台相链接，实现平台数字化，方可实现可持续发展。

（一）财务数字化六大方向

1. 核算数据的全面共享

费用报销、采购付款与销售收款共同汇集成了核算数据的全面共享。采用"会计工厂"模式，将原来分散在各地的财务报账、付款、记账工作集中至共享中心统一处理，实现核算标准统一、业务处理集中高效。

2. 资金全面在线

共享中心完成记账后，系统推送付款指令至资金系统完成业务线上处理、数据实时呈现，保证资金管理安全、高效、敏捷，为风险预警、头寸管理、资金分析等提供系统的数据支撑。

3. 财报自动编制

通过SAP、月结驾驶舱、财务报表机器人等，提高内部结算、月结关账、合并报表等自动化水平，实现月结高效、财报提速。

4. 业务财务融合

一方面是业务驱动财务，集成业务系统，实现业务数据驱动财务核算在线化、自动化；另一方面是财务支持业务，将财务人员从基础核算中解放出来，深入分析业务、支持业务。

5. 决策支持智能

通过智慧财务管理平台（包括智慧分析模块、智慧资金模块、智慧核算模块、智慧税务模块、智慧监控模块、重点项目管理），及时、广泛地采集企业内外部数据，再通过数据建模和数据智能，为管理者提供数据驱动的决策支持和深入价值链的业务支持。

6. 风险集中管控

财务风险管控平台就如一个财务总调度室，全面梳理资金、税务、成本、商务、营销全流程风险，建立风险指标体系，实现风险可视、自动预警、跟踪反馈。

（二）财务数字化建设的角度

企业财务数字化建设可以从以下五个角度来着手，重构企业财务模式，带动企业整体商业模式的创新与发展。

1. 实现财务与业务的深度融合

根据不同的业务场景、业务人员、业务合作方等，开发财务分析系统，将业务数据与财务数据相结合，进行业务预测、业务分析、业务复盘等，实时跟踪不同业务场景（如采购、营销、制造等）中可能存在的风险，梳理历史财务数据中的异常，为业务发展提供全面支持。

2. 资源的高效整合

企业内部资源包括人财物、信息技术、管理、可控市场等。通常在一个集团内部，资源相对复杂，如果缺乏数字化技术支持，很难实现有效整合，进而影响内部效率的提升。通过集团数字化财务管控，可以形成一套资源可量化、数据智能化的财务体系，实现内外部资源整合，共享财务和业务数据，提高投入产出比。

3. 财务流程自动化、智能化与体系化

利用财务机器人、财务分析模型等，对关键财务数据进行实时分析测算与对比，针对核心风险点、核心业务流程建立财务模型，实施自动化财务分析，把控业务关键点。财务流程再造的目标在于简化数据采集方式，实现自动采集、共享、有效控制，同时自动处理数据，规范输出报表。在录入端，改进业务部门在发生业务时原始单据的录入系统及会计凭证编制的过程，通过无纸化传递，实现从业务端获取原始未加工的信息，进而带来采购及支付的集中、供应商的集成，推动价值信息共享。在信息加工环节，实现自动处理原始单据，生成会计凭证、账簿及报表，并为各环节留下记录。同时，根据使用者的需求，运用数据挖掘技术，分析生成数字化数据信息，形成信息报送体系。

4. 打造智慧财务生态链

整合外部资源，搭建财务与外部合作伙伴的智慧财务生态链，实现集团内部与外部供应链、价值链的联通，形成合作、共享、互利、互助的关系，促进整个生态体系发展。

5. 打造强有力的财务团队

为紧跟企业数字化建设的步伐，应对财务人员的专业素质和能力进行升级培训，招聘高素质的专业人员，稳定人才队伍，配置全面知识结构的团队，加快从传统财务管理模式向新型的财务管理的转型升级。

二、数字化时代企业的风险和挑战

（一）数字化时代企业的风险及应对措施

1. 数字化时代企业的风险

在数字经济时代，企业的风险进一步加大。其原因主要有以下两个方面。

（1）宏观环境的变化导致风险加大。

第一，企业所处的宏观环境日趋复杂。随着数字经济的发展，各行业分赛道奔跑，宏观环境发生了巨大变化。原来跑在前面的传统企业传统产品，会因转型升级失败而被淘汰。数字化时代，有几个很鲜明的特点，一是技术更新的速度很快，快到不可想象；二是技术创新的普及速度很快，也就是我们所说的"时间轴"特征；三是多维度展开，以前拥有某一方面资源就能取得优势，但在数字化时代已无法实现，企业要成功往往需要在多维度同时发力，方能取得核心竞争力。这些宏观环境上的复杂性，导致企业的风险加大。

第二，市场环境千变万化。从传统的交易市场、固定场景及面对面交易，转变为现今的虚拟平台、在线交易，远程、无接触营销环境，颠覆了时间、空间的局限。这种市场环境，挑战企业的营销驾驭能力。

第三，数字经济时代，社会文化环境也发生了变化。数字化时代，人们习惯于网络远程、无接触交往，改变了以前社群的概念。在生活中，交谈不再是必需的，情感沟通不再局限于面对面的方式。

第四，数字资产的出现，导致原有的资源环境发生了变化。传统意义上的有形资产受到了影响。无形资产，特别是数据化资产，则以超常的崛起而发挥着巨大作用。由于对该类资产的精准计量和价值判断尚未形成统一的标准，给企业带来重大风险。

第五，数字化时代的法律环境也在悄悄地发生变化。企业在经营过程中，由于经济活动而涉及各种法律因素，包括国家法律规范、企业和社会组织的法律意识。法律的强制性，对企业及企业所属的经济活动进行了刚性的约束。数字化时代，出现了与工业经济时代不一样的经济环境，导致了相关法律的变化。知识产权的保护变得更为重要，个人隐私（包括企业商业秘密及个体隐私）也需要加强法律的保护。如个体用户在网络连接状态时，记载个人信息形成的数据影像、个人的身份信息、个人的喜好及未经个人同意不得公开的内容，如何得到法律的有效保护，如何加强网络隐私权的有效管理，实现个人享有数据不受他人侵犯、使用、获利的法律权利，都需企业在法制环境下规范运行。企业商业隐私数据，如何在网络传输过程中保持安全完整、不被篡改，也是企业关注的重要因素。现阶段，为保护网络安全，国家已制定了各种具体的法律制度和行政措施，限定并逐步规范网络服务提供商收集个人信息和数据。同时，通过行业自律及行业管理模式对拥有大数据的网络服务提供商及产业进行约束。另外，通过鼓励门户企业设计及应用软件，达到保护的目的。

（2）微观环境的变化导致风险加大。微观环境一般包括外部微观环境和内部微观环境，这些环境与企业紧密相连，对企业的经营活动有直接的影响。外部微观环境，具体有企业所在的上下游生产链、原材料供应商、服务商、营销公司、B端或C端消费者、竞争者、有影响力的社会团体及公众等。

数字化时代的微观环境有以下两个明显的特性：第一，产品及服务，均要求企业不断升级迭代。从社交平台及互动平台来看，不定期的升级，是提高用户体验、增强黏性的重要保障。文字图像、声音、视频，都在迅速升级。企业的供应链及消费端都在迅速增长和变化，对企业自身产品的要求不断提高，任何一个供应环节出现问题，均会导致企业的生产活动无法正常开展。这些变化，给企业带来了不确定的风险。

第二，一切活动正在转换成数据。数据是一种资产，该项资产正快速地形成企业价值。作为经济人，看似无逻辑、无序的活动所产生的经济内容正在不断地被记录、被数据化、被形成算法的一部分。企业拥有数据，就拥有此类的资产。如果企业失去数据，或者未能很好地掌握并应用数据，将失去数字时代的经济地位。

2. 企业应对数字化时代的措施

数字化时代已到来，企业面临这种变化该如何应对？

（1）在不同的环境中寻找机会。寻找与企业调性相适合的机会和生存空间，找到自己的垂直领域，找到自己与设定用户或顾客的价值共鸣点，才能让企业立于不败之地，拥有持续发展的核心竞争力。

（2）积极探索新路径，从传统管理转向信息化管理。传统管理维度中，企业从人、财、物几个方面加强管理，设置相应的组织架构、管理制度来维持有效管控。数字化时代，企业的管理需要升级，企业要最大限度地获取和利用信息，充分利用数字信息来对企业各环节进行有效了解和管理，保证企业高效运行。

（3）加快财务数字化转型，从会计核算转变为管理会计、战略会计，提高财务管控能力以支持业务和决策的升级，将财务与业务、税务等深度融合，将业务时点与财务联动，支撑企业运营的全过程。要从事后管理向事前、事中管理转变，从监督向战略指引转变，从业务记录向价值创造转变。

（4）推进财务集中化管理，强化集团总部对下属子公司、分公司的管理，重塑组织架构和管理流程，发挥集团对资金、资产、资源的宏观调控功能，提升总体规划和决策水平。

（二）数字化时代财务面临的风险

财务通过其专业的核算和预测分析来精确反映经济历史，同时以历史来预测未来的经济，为投资者、债权者和受益者充分认识和判断企业价值提供财务真相。

一般来说，财务风险是客观存在的，是企业在经济活动中不可避免的。由于各种不可控或难以预料的因素，企业的预期目标与财务成果可能发生偏差，甚至导致企业遭受经济损失或丧失经济利益。作为企业的内核关键要素，企业财务能力决定了企业的管理是否出成效。财务的重大作用，在于核算和控制。核算，就是把企业的能力用数字精准表达；控制，就是对企业进行监督执行、约束检查，实现目标达成。其中对企业风险的管控，是财务控制作用的最大体现。根据传统的组织模式，控制就是分层级、分部门、分业务、分类别设置财务节点，通过互相牵制又相互促进，达到支援和制约。随着科技的发展，企业组织架构发生了变化，从独立的各个节点，越来越趋向于沟通分享、互联互通。原来的互相约束的独立节点，已经不适应数字化时代的管理模式，传统的控制观和核算观，将会发生很大的变革。

从企业内部来看，组织架构和顶层设计，是财务风险是否存在的硬件。不适应数字化时代的组织架构，冗长拖拉、环节重叠的层级设计，将会加大企业成本，降低企业应对风险的能力。

财务系统的核算体系、核算模块，影响着企业核算是否精准，是否如实反映企业经营能力及财务状况。核算体系的老旧，将极大地阻碍财务能力的发挥，带来企业财务风险。

一般而言，财务风险，主要有财务战略风险、财务信息失真风险、财务结构风险、资产配置风险、资金管理风险、信用风险、人员配置风险、信息滞后风险等。

1. 财务战略风险

企业的战略布局和愿景、远期目标和近期目标是否符合企业文化、契合市场和垂直领域、贴合顾客需求，是企业成败的关键。要充分实现企业战略，财务应当制订相当的战略目标。财务总监应有"战略财务"的认知。由于很多企业在设立分支机构及扩张的初期，并没有设立清晰的财务管理理念，往往是随着机构开设，简单配置财务部门，采取分散型财务管理模式，企业总部仅仅通过下达财务指引或会计政策来指导成员单位，无法对成员单位进行有效的管理，造成无法形成高度一致的财务战略，难以匹配企业的整体战略目标，集团的整体优势无法得到真正发挥，容易出现战略风险。

2. 财务信息失真风险

企业财务作为披露企业经济状况及运营能力的关键窗口，各方均要求财务信息及时、真实、准确、有效。现阶段大多数企业均采用"母子孙"及分支机构等方式扩张，经营链条变长，还可能存在不同城市的地理分布，造成庞大的组织架构、复杂的层级关系，容易导致财务信息不对称，信息的披露无法及时、透明，形成信息孤岛。同时，成员单位可能从各自利益出发，为达到考核目标，隐瞒收入或成本，报喜不报忧，容易出现财务信息失真的风险。比如：基于传统经济下的财务模式，只能利用收集到的有限业务内容，如谈判的价格、确定的原材料成本、可视范围内的人工成本、区域化的市场销售规模，以及偶然性搭建的投资群体及融资来源，导致企业的经营能力、成本控制和利润沉淀，都受到机会成本的影响，财务无法做到最精确的核算，无法最大程度地体现企业的价值。

3. 财务结构风险

企业的股债结构不合理，股权和债权比例失衡时，容易引发财务风险。比如企业股东投入资金过少，导致企业流动性资金严重短缺，企业迫于无奈，通过举债行为，保障现金流。此时如果企业的运营能力和获利能力无法匹配，会导致企业无法承受支付利息的负担，到期无法归还本金，出现现金流动性风险，甚至有可能出现现金流断裂，出现企业存续风险。如果企业过于保守，不举债、不借款，可能导致运营资金无法满足生产需求，无法扩大生产，会存在错失发展良机的风险。

4. 资产配置风险

企业各项资产的配置，要与企业目标和企业发展阶段相匹配。初始期企业和成长期企业，若有较多的货币资金，可以配置较多的在建工程或项目、固定资产，投入较多的资金用于新项目新渠道开发，让企业能在可预期的未来实现运营目标。成熟期和衰退期的企业，则要缩减投入，以实现较大的现金流入，回报股东。如果企业的资产配置出现错位，将导致企业投资风险及筹资风险。

5. 资金管理风险

当企业扩张，下属成员单位越来越多时，因为分布较广、层次较多、资金分散管理，各子公司有借贷款的融资能力和需求，银行账号各自设立，集团无法对整体资金流量、流速、存量、贷款数量进行有效管控，从而导致企业总部的财务监控能力被削弱，只能实行事后监控。就算是推行"董事会"审批申报流程，往往也无法对资金实行动态监控，出现子公司的资金链断裂等重大问题，如果"隔离墙"不够完善，资金管理风险还可能蔓延到企业总部。

6. 信用风险

企业的信用及社会形象，是企业在经济社会中立足的保障。构建诚信、稳固的信用体系，可以让企业在融资、筹资及营销环节取得投资者和消费者的信任，获得市场的认可。企业信用构建不稳固，必定带来很大的财务风险。

7. 人员配置风险

若财务人员风险意识薄弱、素质及知识更新换代较慢，将直接影响企业的财务能力。财务人员没有形成适应新时代的财务管理知识结构，将给企业带来致命的风险和伤害。财务人员缺乏风险意识，对财务风险的客观性认识不够、对财务风险的预见和示警能力薄弱，将给企业带来很大的风险。

8. 信息滞后风险

财务信息滞后容易引起决策失效。市场千变万化，需要企业及时洞察并做出适当经营策略调整。财务资料的准确性，是企业正确决策的关键要素。传统经济市场中，财务部门利用小数据，定期收集、整理、分析提出财务报告，流程长、费时费力，导致财务报告永远是滞后的、历史的、内部局限的。这些报告，即使能为决策提供一些参考，那也是过时的，无法帮助企业应对各种风险。

（三）财务数字化建设的难点

根据互联网数据中心对数字化转型的定义，数字化建设是利用数字化技术和能力来驱动企业商业模式创新和商业生态系统重构的一种途径与方法。

财务数字化建设的实施主体是企业，故财务数字化建设要适应实施主体的现状和发展阶段。

企业变革的驱动，主要集中于企业文化和价值理念、企业机制和组织架构、管理基础和建设规范这三个方面。三个方面休戚相关，相互影响。若企业文化和价值理念环境良好，则能传播企业正能量，快速理解和执行变革，容易形成一致的意见，主观能动性较强。若企业机制和组织架构设计合理，则会满足变革的需要，能在适当的岗位放置适当的人才，从而有利于变革的达成。制订良好的管理基础和建设规范，则会收获变革带来的红利。

财务数字化的作用，关键在于保证数据的真实性、完整性、实时性和有效性。财务数字化建设不仅需要考虑整个企业集团产业升级、财务管理高质量发展、新IT技术所提供的技术基础等可行性条件，还需要企业财务部门在信息技术的支持下，对财务战略、职能定位、组织结构、人力资源和操作流程等方面做出全方位的转变。

财务数字化建设即以财务为出发点和核心点，运用云计算、大数据等技术来重构财务组织，再造业务流程，提升财务数据质量和财务运营效率，从而更好地赋能业务、支持管理、辅助经营和支撑决策。企业财务的数字化并非易事，主要存在以下四大难点。

一是由于财务管理制度不完善，导致财务运营成本较高。当前部分企业财务管理不规范，无论是基础的财务部门设置，还是成本控制和内部监督，都处于一种权力分散和无人监管的尴尬地位，企业财务的人为操作风险较大。同时，由于传统的核算方式根本无法支撑企业的快速迭代以及适应竞争激烈的市场环境，运营成本高，缺乏财务的整体规划，更缺乏制度约束，导致企业财务管理混乱。

二是财务管理较为分散，运营效率有限。目前，大部分企业还没有完全具备高效的财务管理能力。从管理环境上，很多企业的财务部门未能取得高层的高度重视，往往被看成负责日常核算的职能部门以及仅与税务机关、政府部门和银行机构打交道的部门，无法为企业总体运作承担更多的职能性工作，不能很好地发挥其管理作用，阻碍了财务数字化的进程。而作为单纯的账务人员、后勤支持部门，无法形成前中后台系统化管理，将数字化割裂开，严重影响财务决策效率，不利于产业链上下游资源的整合。

三是财务数字信息化程度不高，缺乏财务生态。从成本角度来看，财务数字化可以节约财务管理成本，有利于财务信息的快速形成。但在很多中小型企业的实际操作中，由于企业财务人员素质较低，财务经验不足，只具备手工做账的能力，对于信息化不能完全接受，在系统的使用方面还不能完全胜任。

四是财务人员工作量大，学习时间不足。不少中小微企业，财务人员工作量比较大，除日常核算工作外，经常承担一些行政、法务方面的工作，甚至包括档案管理、合同管理等工作，导致财务人员在此方面耗时较多，无法保证会计核算工作的时间，容易造成会计核算工作不能如期完成。

（四）财务数字化建设的重点

如何实现财务数字化呢？关键是实现财务大数据化。一直以来，财务就是数据集合，通过对数据的提取、记录、核对、比较、判别，形成企业的各项资产负债内容，披露经营的收入、成本和利润，最后核算出投资方可以获得的权益及分红。

以往支撑财务完成以上行为的数据，并不是大数据，只是通过企业经营活动，获得的片面的、浅表的、无对比的数据。要实现财务大数据化，需着重加强以下内容的建设。

1. 进行财务流程再造，提升效率

数字经济的财务，将是利用大数据管理，以财务管控系统建设为契机，进行流程再造，打通业务和财务的数据壁垒，实现经济活动每个环节的数据共享，将业务申请、授权、签订协议、报销、付款、核算、税务统筹、评价及报告，均纳入大数据形态，通过数据管控，可快速地获取财务信息，并自动流转、存储、核算，随时查阅，适时结算收益；是无纸化、规范化、自动化和统一化的信息流程和管理模式。同时，能全面分析企业经营、成本、税务等各项指标，为企业提出经营决策、风险预警、成本管控和业务精准等管理协同，提高效率。

2. 推动数字信息与管理融合

通过财务大数据化，实现数字信息技术与管理融合，提升管理水平，促进企业数字转型。通过构建数字管理系统，从企业资源计划、客户关系管理、供应链管理到财务集中管理、财务共享服务、司库管理等，实现不同时空、不同区域、不同业态的管理融合，实时掌控不同采购数据、财务数据、营销数据，实现集约化管理，有效地反映企业真实财务状

况及经营成果；同时，合理配置资源，降本增效，规避风险，为企业扩张和发展提供决策依据。

3. 推动业财融合

以业务为财务的起点，以核算和报告为业务的终点，推动业财融合，实现业财一体化。同时，统一财务核算，真实反映业务场景，挖掘业务数据，提高财务数据的及时性、准确性，提高绩效考评能力，迅速应对业务的变化，为业务提供即时、高效的服务。

4. 为价值提升赋能

财务数字化可将结构化、海量化的业务数据集成和沉淀，并从中提取支持性数据，使财务从核算向管理、分析和辅助决策的角色转变，从而提高会计确认、计量、披露与分析的能力，实现价值创造。

5. 用新技术支持财务智能化

勇于探索新技术在财务领域的应用，引领财务向智能化、预测化转变。深度开发新技术、新场景，使财务管控向成本、费用及经营创收环节延伸，提高大数据架构下财务的监控和服务能力。

三、财务大数据化的用途及其实现途径

数字化时代，对财务进行大数据化，就是要利用好大数据中蕴含的经济价值，有效挖掘并快速收集、整理、分析、整合信息，形成自己的资源。

（一）财务大数据化的用途

1. 提升准确性或可依赖性

大数据的集合，使财务信息充分采集成为可能。人们可能会担心，当数据越来越多，有些错误的数据会随着大量的数据混入到数据库中，由此产生误导。但是，我们应该看到，当数据量基本覆盖全体数据时，是数据最准确的时候。"错误数据"有可能是不同形态下的存在，甚至有可能是以前我们基于判断的"想当然"而在小数据或片面数据的情况下导致的一些错误观点。大数据的结论，将提供给财务未来发生的概率及选择，财务的准确性或可依赖性将得到进一步提升。

2. 提升各数据点的处理速度

对于大型的在全国范围铺点的企业来说，需要的数据集，往往包括存储、网络、分

析、归档和检索等，是海量数据。传统的财务系统已无法对海量数据进行快捷适时的处理，即使通过一些数据软件，也无力完成数据的整合、存储、分析等功能。而借助外部的托管、海量数据分析的平台供应商及云计算为基础的分析服务，则能充分发挥算法对数据的逻辑处理功能，从各种类型的数据中快速获得高价值的信息。

3. 丰富数据种类

财务需要的大数据类型多样复杂，涵盖了传统数据库、文件、用户画像、商品营销、市场动态等各种复杂记录。有些记录，当作为单一数据，则没有经济价值，但当各种数据综合在一起，形成大数据，并扩展到一定区域或全区域，数据的作用，特别是经济作用则凸显出来。

（二）财务大数据化的实现途径

1. "大数据"思维

要实现财务大数据化，首先需要企业管理者及财务人员转变思维。

（1）财务团队要形成"大数据"思维。根据企业的战略布局、年度目标以及企业所设立的组织架构，财务以业务单元为核算点，必须对所有业务单元都有所了解。在数字经济时代，企业架构，带有很明显的数据特色，模糊了属地概念，业务单元小而精干，管理流程缩减，业务密集化增加。企业的财务人员应形成"大数据"思维，根据企业业务形态，搭建财务管理的整体架构，通过配备合适的核算工具，建立科学的财务管理信息系统，实现布点到位、人员精干、核算精准、数据真实。

另外，数字化转型关键要素是人才，因此要配置一定数量的数字型人员，充实财务团队。首先要理清财务在哪些环节需要数字型人员。一般来说，在财务信息系统的建立、二次开发和维护、各节点的安排设置以及需要系统完成的任务指令、数字迭代开发以及完成数字分析的工具运用等方面，均需要数字型人员来完成。配备合适的数字型人员，将是财务数据化的关键一步。

（2）形成全样本概念。传统观念中，财务的很多价值界定方法，都是抽样法。比如"重置成本法""公允价值计价""可变现净值"等；还有定价策略中常用的"成本导向定价法""市场导向定价法""顾客导向定价法"等。这些会计方法，都是与抽样数据有关，通过局域性获得一些参考数据（常用的方法是从行业上市公司披露资料中提取），据此武断计价额度。在数据采集难度大、获取成本高昂的时代，抽样是个高效的方法。其抽样的数据，无需花费大量的人力物力，只是需要从某些设定区域中，选取有代表性的样品来分析即可。但是，抽样存在主观性，样品选取经过了有喜好的筛选，容易偏颇。样品也具有不稳定性，以少量的个体来评价整体，本身就具有不确定的风险，如果个体量未能达到一定比例，样本数量不够大，就不足以说明事件必然发生，由此产生的结论，就有以偏概全的风险。同时，基于谨慎性原则，财务人员往往会取其最保守的数据，作为定价的依据，这样，容易导致数据失真，误导决策正确。

随着大数据的发展，数据获取便捷、完整，成本低廉，数据存储、调用、分析越来越容易，因此财务人员无需固守抽样法，可通过大数据的运用来准确实现商品、服务计价，形成市场有效价格，从而让财务报告更有价值。

（3）形成概率思维。概率思维是概率论的体现，具体是指利用数学概率的方法，来思考问题、分析问题、解决问题的一种思维模式。概率思维最重要的运用场景是对未来事件的预判。当预计一个事项发生时，可分辨可能随机出现其他事项的比例，从而做出相应的方案。概率思维有几个要点。首先是随机性。事项的发生，特别是因果关系不强烈的事项，具有发生或者不发生的随机性。财务人员往往缺乏对未来随机性的认识，因为面对的基本都是历史数据、历史资料。但如果以历史事实去推测未来，就容易陷入因环境变化而引起的困境。

（4）形成数据提取真相思维。数据获取的过程千变万化，来源渠道多种，真伪难辨。而作为财务数据来使用的数据，必须是真实的、未被篡改和调整过的。然而不是所有的数据都具有经济价值，财务人员要具有从数据中提取有价值数据的能力，从看似相关的数据中，找出真实相关性。因此，财务人员应多维度地观察和思考，从多样本中提取真相。大数据提供了相关性，但不具有因果性。只有把数据当成工具，进行分析提纯，才能发现真相，而不是从数据中寻找结论或原因。

2. 财务大数据的收集

财务要实现大数据化，则必须以大数据作为支撑，那么，如何获取大数据呢？最直接的方法，是从企业内部获得。这就要求所有经济节点上的经办人，都要通过信息系统，录入所经手的业务信息。此中，包括了业务种类、工作时长、薪酬信息、费用种类及对价、成本。这还远远不够，还必须从外部数据集中取得大数据。企业财务人员从外部获取数据的最常使用的方法有：一是从常年合作的会计师事务所或咨询机构中取得。由于这些机构接触的企业数量大，容易取得行业数据，虽然部分数据可能由于商业机密不予公开，但通过购买数据形式，还是可以取得相似或近似的数据集。

二是从上市公司披露信息中提取。根据证券法相关要求，上市公司期末往往会进行较详尽的信息公告，企业可以从中截获有用的信息，从而转换成数据。

三是从各政府机关、政法部门公布的数据中提取。如国家统计局定期发布的各项数据，均有很高的参考价值。

四是从各种平台运营公司及互动平台中获取数据，获得有经济价值的数据；或是从上下游营销链，采集行业及垂直领域的数据。

3.财务大数据的分析处理

财务通过什么手段来收集和标识大数据呢？可以从两个方面着手。

（1）用户画像。一般来说，用户画像是指用户的信息标签化，就是企业通过收集和分析相关企业的社会名称、属性、业务来源、生产资源配备、价格结构，以及人群的生活习惯、消费能力及行为等，可以做出企业或人群的商业画像。当收集到足够的信息量，企业能快速找到精准投放的用户群体、用户需求或企业合作伙伴的反馈信息。

企业为用户的信息打上标签，就是要精准地描述出用户信息和习惯，收集用户浏览的行为数据，包括用户在网站的浏览数据、商品数据、产品数据、行为数据等。相关数据的取得，可从合作网站、用户平台、自有营销渠道等方式获得。

（2）数据处理及分析。通过数据的清洗、合并，以及使用任务调度系统、搜索引擎进行大数据集群的快速检索。同时，通过一系列的分析选项，发现复杂的连接，并探索其数据中的内在相关性，构建出算法模型，实现大数据的智能化分析，精准获取数据。

第二节　数字资产的计量与披露

数字化时代，大数据就是商品。数字商品成为经济活动中的重要商品形态。它的载体具有多样性，包括计算机软件、代码、数据集合、多媒体产品、数据库、电子文档等。本质上，这些数字商品有共性，即有商业价值性、虚拟性，价值较难准确计量。如何准确确认、计量、核算、披露数字资产，将是财务面临的重大课题。

一、资产及无形资产的定义及确认

根据企业相关准则：资产是指"企业过去的交易或者事项形成的、由企业拥有或者控制的、预期会给企业带来经济利益的资源"；"前款所指的企业过去的交易或者事项包括购买、生产、建造行为或其他交易或者事项。预期在未来发生的交易或者事项不形成资产"；"由企业拥有或者控制，是指企业享有某项资源的所有权，或者虽然不享有某项资源的所有权，但该资源能被企业所控制"；"预期会给企业带来经济利益，是指直接或者间接导致现金和现金等价物流入企业的潜力"。

无形资产"是指企业拥有或者控制的没有实物形态的可辨认非货币性资产"。无形资产定义中的可辨认性标准是："能够从企业中分离或者划分出来，并能单独或者与相关合同、资产或负债一起，用于出售、转移、授予许可、租赁或者交换。源自合同性权利或其他法定权利，无论这些权利是否可以从企业或其他权利和义务中转移或者分离。"

二、数字资产的定义及确认原则

（一）数字资产的定义

企业数字化建设，形成企业的数字化产品及生产资源，但不是所有的数据都能成为资产。企业通过业务运营沉淀下来的数据并不能全部称为"数字资产"，只有按照企业的主题域进行规范存储、建设形成相对独立的数据库及数据模型，可以为决策分析提供标准支持的数据包才能称为"数字资产"。根据百度百科对数字资产的词条释义，数字资产是指"企业或个人拥有或控制的，以电子数据形式存在的，在日常活动中持有以备出售或处于生产过程中的非货币性资产"。数字资产既不同于有形资产，又不同于无形资产，数字资产是综合体，在企业获得的前期，有资金的投入、硬件设备的建设，又有知识产权、专利权等无形资产的组成。

（二）数字资产的确认原则

1. 可变现性

数字资产具有为企业创造经济价值的能力。在实践中，数字资产在使用过程或生产的产品，有市场需求，或其能形成独立的市场价值。如果未能确定是否能产生经济效益，不宜列入数字资产。

2. 可控制性

数字资产必须是企业合理合法控制和使用的资产。企业应当明晰界定数字的控制权及产权，分清属性，以其是否拥有控制性来确认资产。如企业通过平台获取的个人信息、行为画像等，其属性存在很大的争议，按现阶段的理论及规定，不宜纳入企业数字资产。利用"爬虫"等技术获取或抓取的数据，不具备数据的控制权及产权，不能纳入企业的数字资产。另外，该数字资产能为本企业带来经济利益，通过契约或协议形式，合法取得数字资源的权利，可以认为是数字资产，受到法律的保护。

3. 可量化性

数字资产与其他资产可以明确区分，可用货币进行可靠计量。其计量包括数据获取的成本、为支持数据获取投入的直接关联成本（包括设备投入）、数据的市场可评估价值等。

有研究报告通过对数据特性的研究，得出了数据资产的以下结论："数据资产可以被视作企业无形资产的一个新类别，是企业在生产经营活动中产生的或从外部渠道获取的，具有所有权或控制权的，预期能够在一定时期内为企业持续带来经济利益的数据资源。"

三、数字资产的会计计量

如何对数字资产进行合理合规的计量，并正确入账，是数字资产会计核算的关键环节。数字资产计量应遵循公平性、客观性、合理性、独立性、系统性、替代性、科学性等原则。现阶段，按会计准则规定，一般做法有以历史成本法计量、重置成本法计量、可变现净值法计量、现值或公允价值计量、市场评估法计量等方法。这几种方法各有优缺点。历史成本法计量符合传统财务会计的原则，会计信息具有客观性和历史性，容易取得依据。但由于数字资产价值的不稳定性，会计信息提供决策的准确性会大大降低，不利于管理层做经营和投资决策之用。当某项数字资产的市场价值超越开发成本，甚至成为整个行业的标准时，其价值将大大高于历史成本计量的金额。

相对市场评估法计量而言，重置成本法计量较容易获得客观的定价支持，但对于设备类的重置计量，容易因设备不再生产而无法取得依据，或因设备老旧无法确认其成本，造成核算的困难。可变现净值法或现值法计量能较好地反映市场价值，但可能因净值较难核定而影响会计处理。市场评估法计量可能因精准度不够，造成核算的困难。

采用未来现金净流量进行会计计量相对来说更符合数字资产的特性。该计量方法的前提是比较合理地确定数字资产的预期收益。其中一种计算预期收益的方法是"成本加利润"，即企业按投入的成本与预计利润值的合计作为产品商业销售价格，再乘以数字资产预计生产的产量或产能，合理确定数字资产的总额。另外，如果有确实的证据证明买方市场接受高于合理定价，也可以按买方市场平均定价作为计量数字资产的方法，这就需要具有一定资质的专业评估机构来客观评定。当然，后者计量的数字资产价格还必须得到会计界的认可，并在使用过程中应当注意税收风险。

实际情况中，哪些开支符合资本化的条件，还需视企业具体情况而定。根据企业会计准则，对于研究开发阶段的支出，除为明确的项目支付并符合特定条件的开支外，均应按"研发费用"规定，列入当期损益，不宜资本化，特别是未成功的项目研发，只能列入当期损益。另外，对于数据的获取、确认、前期处理等价值不高、产权争议大的部分开支，宜列入当期费用，不宜资本化。对于数据深度挖掘、有效加工并形成数据包（库）的部分，可以整体或拆分销售，有一定的经济效益及商业价值的，应纳入数字资产。数字资产一般来自两种渠道，一种是外购所得，一种是自主研发。

（一）外购数字资产的会计计量

外购产品的会计计量较为简单。企业按其购入数字资产的实际支付价格，及投入使用过程中发生的相关费用计入该项数字资产，再按预计使用期限进行摊销，会计处理可参照无形资产的计量方式进行。取得计算机产品成本及商品化软件研究开发费用、维持软件基本功能所必需的费用等可同时确认到"无形资产"科目下的"数字资产"明细中。同时，可采取"直线分摊法"，按预计使用年限，摊销入年度成本。也可按预计销售数量，将核定分摊的部分，分摊入产品成本。

（二）自主研发数字资产的会计计量

具有软件开发能力的企业，基本采用自行开发数据。企业采购电子设备，投入技术力量、研发团队、日常工作人员，主动获取、整理分析形成的数字资产，可按企业会计准则中对"无形资产"的会计处理方法进行确认及核算。其中开发成本构成数字资产原始价值的主体，投入生产前产生的评审鉴定费、注册费、版权费、测试费、处理费等也是数字资产成本的组成部分。

四、数字资产的价值评估

由于数字资产的市场价值与投入成本容易存在差异，其价值评估显得尤其重要。要客观有效地评估数字资产价值，须充分考虑相关因素。影响数字资产的价值因素可从以下几个方面考虑。

（一）数字资产的质量

数字资产的真实适用性、完整性、便利性和数据应用广泛性，以及获得数字资产的成本合理性，是数字资产质量的重要指标，也决定数字资产是否存在市场竞争力。

（二）数字资产的市场占有率

如果一个产品在所属行业中已经占有一定的市场份额，具有较好的市场信誉、稳定的消费群体，数字资产价值就越高。同时，时效性反映数字资产的使用时限及生命周期，稀缺性显示所有者对资产的占有程度、利润获得的程度及稳定性，这些都是数字资产市场价值的重要因素。

（三）宏观环境及市场环境

从宏观环境角度，判断国际国内各方面对数字资产的预期及持续情况。当宏观环境出现变化、技术革命出现断裂，数字资产的价值将有很大变化。当企业竞争对手涌现，市场竞争格局将发生很大变化，这将对数字资产的价值有较大影响。

（四）企业自身的管理水平

企业拥有高技能人才、良好的企业文化、严格的管理制度和组织机制，是数字资产价值的重要保障。从企业自身来看，稳定住技术全面、有创新意识和开拓能力的人才，保证智力成果，即保住了企业数字资产的市场竞争力及收益。

五、数字资产的披露

（一）报表内列示

已列入企业报表的项目"无形资产—数字资产"项下的数字资产，通过会计报表统一披露数字资产总额。报表使用者将从企业的报表中了解到企业的数字资产情况。但是，由于会计准则的局限及价值评估方法的水平良莠不齐，会计报表不一定能准确反映整体价值。为避免数字资产被低估，企业还需增加报表附注或表外报送。

（二）数字资产的表外报送

资本市场已反映出互联网的价值远远高于实体经济的企业。企业在会计报表附注中，应当就未全面披露的"数字资产"的价值，进行量化的说明。说明可包括数字资产的市场占有率、市场价格、产品所处的生命周期、专利数量等硬核要素；也可列示评估中介机构出具的价值数据，证明数字资产的价值额度及未来收益。

第三节　业财税联通化建设

一、财税联通化

我国税务机关持续深化"放管服"改革，开展"便民办税"活动，国家税务系统采用"金税三期"进行电子税务管理。该系统是全国范围内的税务一体化信息平台，采用大数据分析方法，以规范税务机关的征管和企业纳税行为，实现了税务平台和应用软件的大统一。

"金税三期"系统的特点是：业务规范统一化，全业务、全税种纳入，实现信息共享和管理。系统采用的"网络爬虫"软件，根据既定的目标，自动提取网页信息，获取涉税资料，实现分类抓取、实时监控和智能比对。"金税三期"系统，可以将行业、业务性质、业务销量、比率等大数据和涉税事项进行精准定位，及时对企业纳税额度进行监控。只要企业的动态数据出现偏差，税负率偏低，系统会自动预警，企业可能会面临被税务机关约谈、要求补交税款，甚至移送税务稽查的情况。

企业应当以此为契机，化压力为动力，用好数字化技术，提高网上税务处理水平，实现企业与税务系统的友好链接。随着企业内部网络的互联网化及电子发票的出现，财税数字化建设是企业实现数字驱动的智能税务管控及筹划的必经之路。

（一）财税联通化的优势

1. 防范税务风险

随着发票数据、申报数据的增长，企业面临的税务风险逐步上升；同时税务系统强大的监管功能，增加了企业经营的外部监控压力。企业采购、销售、费用支出等环节，均存在收开发票的行为，均需对发票进行验真、查重。业务与发票匹配后，及时入账，进行增值税款抵扣，需要通过联接税务系统进行确认。这就可以防范税务风险。另外，要实现税项分离、基础数据处理、自动计税、税务申报、税务核查、税务监控及税务政策咨询等功能，均应依托于财税联通化建设。

2. 提升税务筹划能力

税务筹划是财务很重要的一项对外工作，如何将财务数字化与税务系统联通，实现适时税务筹划，是财务数字化不可忽视的关键点。成熟的财务数字化系统，可与税务系统直联，实现税务远程操作与标准化处理，实现总部对各业务机构或部门的税务管理，监控销售的真实数据及适时反映成本，实现多维度查询分析和数据共享，为整体税务筹划提供决策依据。

3. 防范经营风险

用好税务信息，为企业防范经营风险提供保障。税务系统未来将为企业提供更多的信息。通过与税务系统联通，能为企业提供供应商及购买方的税务信息，如供应商或购买方是否具有较高的征信水平，成本率、税负率水平是否达到行业平均水平；从供应商的存货或原材料的税收进项税额，可以看出其是否有足够的存货；供应商是否有足够的固定资产折旧，证明其技术能力；是否有足够现金流，如果拖欠税款，可以说明供应商在现金方面存在一定的问题。企业可以根据税务信息，对供应商及购买方开展成本率分析、税负率分析、采购分析、可抵扣增值税发票分析、应收账款分析、现金流及资产情况分析等，有效防范经营风险。企业通过税务信息，加深对合作的信心，促进经营效率的提升。

4. 提高管理效能

用好税务信息，可提升企业的管理效能。企业日常费用报销，通过财务数字化系统，与出纳、经办人以及票据流程、发票管理、电子发票系统无缝联接，获取发票后可直接传导入"金税三期"系统进行校真、校验识别，或者由税务"金税三期"系统直接导入电子发票到企业数字化系统，自动完成单据匹配并核销，同时生成增值税抵扣信息；在企业采用后端银企付款后，智能完成付款，并生成会计凭证，大大降低中间环节出差错的风险，降低发票丢失、重开发票等风险，实现管理效能的大幅提升。

（二）增值税务管理

对于付款业务，从外部取得的增值税进项发票，可通过全国增值税发票查验平台实现远程校真。目前，部分财务管理系统及运用软件已与税务机关签订查询协议，实现扫描件校真，其辨真率可达到98%以上。只要企业取得发票，不管是哪个地区开具的增值税专用发票、增值税普通发票以及机动车发票、电子发票、出租车发票等，均能通过增值税发票查验平台进行查验。同时，可以在财务数字系统上，实现增值税认证抵扣并生成会计凭证，完成会计账务处理。

对于越来越普及的电子发票，由于其可以通过客户端获取，可便捷地联接到财务数字系统，在取得发票后，直接导入财务系统，适时确认成本并实现税务抵扣。

企业销售货物、提供劳务而产生的收款业务，需要开出增值税发票，一般依据合同约定，财务系统与合同管理系统相链接，预设好开票节点及判断要素，就能实现增值税发票的开具，直接计算增值税销项税额。但是，由于收入的多样性，导致税种不一，甚至可能存在一项收入分金额按不同税种纳税的情况，这给数字系统自动处理纳税业务出了难题。至今为止，增值税开票系统，依然限于本地开票，尚无法实现异地安装和异地使用税控机开票，这就要求企业对合同签署地、发票开具地和纳税地点进行统筹考虑。

企业分布在同一地区的不同分支机构，增值税开票系统，可以通过财务系统统一搭建。特别对于开具电子发票，更适合运用财务数字系统管理。通过财务共享中心或数字中台，建立财务系统与企业ERP系统、业务系统及合同管理系统的链接，通过系统的集成，自动抓取不同系统提供的业务数据和合同数据。比如：生产型企业在产品销售系统中提供了出货单或货运单，与销售合同核对无误后，生成增值税开票信息，按预设的税率计算公式及原则，按税种选择、金额拆分、发票红冲及作废等规则，智能地开出增值税销项发票。通过严格的校对、审核流程，完成发票的开票申请、打印。通过物流平台，可实现发票快递。这种快速处理发票的功能，已被一些大型网购平台所运用。

增值税进项税额发票的集中认证，已基本解决。通过财务数字系统，建立增值税进项统一数据库，发票通过扫描或电子发票直接导入，利用光学字符识别技术（扫描识别技术，OCR）识别发票信息后，将对接到全国增值税发票查验平台进行批量查验认证。普通的发票可以实现适时校验；对于增值税专用发票，根据全国增值税发票每天零时统计一次的限制，一般要隔天才能认证完毕。在发票校真后，数据进入核算系统，自动分发发票，形成自动匹配费用及预算的流程，或者根据填报人所填分类，在预算额度内，匹配费用科目，同步计算增值税进项抵扣金额，自动生成会计凭证。对于增值税进项发票，抵扣金额直接从发票中读取；对于出租车车票及飞机票等，智能地按预定的税率，自动计算可抵扣金额，并在会计凭证上列示。

（三）税款纳税申报管理

企业的纳税申报，涵盖了企业完税需要的所有税种，包括增值税纳税申报、消费税纳税申报、城市维护建设税和教育费附加纳税申报、关税纳税申报、劳务费涉及的增值税税务申报、企业所得税纳税申报、个人所得税纳税申报，还有土地增值税及其他各税种的纳税申报等。一般有按次申报、按月申报、按季申报及按年申报等几种形式。申报表按税务局规定的申报表格来填写，包括了纳税人名称、税种、税目、应纳税项目、适用税率或单位税额、计税依据、应纳税款、税款属期等内容。增值税申报表还按进项税额、销项税额来区分。所得税申报表还包括销售收入、销售利润、应纳税所得额、应纳所得税额等内容。

纳税申报越来越规范，需要填报的内容也更复杂。面对这种表格，数据的完整性、逻辑性和准确性要求更高，填报的难度和工作量更大。由于报表的格式化、标准化，采用财务数字系统，通过精准地设置公式，有效抓取数据，将会极大地改善纳税申报的质量和速度。通过成熟的财务数字系统，对接税务局办税系统和各机构数据系统，设立好数据之间的钩稽关系、取数路径和数据分发，规定校验标准，就可以从财务的成本费用明细账、开票端、进项税额数据库等多种数据源取得详细准确的数据，然后汇总填入纳税申报表，快捷并精准地完成税款申报。

二、业财融合

财务数字化的改变，除财务报销审批流程发生了历史性的变化外，还改变了各类业务的起点，在业务初始阶段就引进财务信息系统，推动了业财一体化的进程。

（一）提高业务获利水平

业财融合，要求信息化系统能在交易或业务事项活动过程中实时采集、处理、存储、传输会计信息，财务人员能前置参与掌握企业业务的运作状况，并能延伸到采购、供应商、客户等环节，对经营活动可实施全面、实时的管控，协同业务部门发现和解决经营问题。业财融合，增强了事前、事中的管理能力，提高了会计信息的及时性与相关性，可在事前、事中预防和控制业务处理风险。通过财务数字化平台和实时的核算数据进行数据分析，为业务决策提供依据。另外，财务数字化系统能提升自动化和智能化作业水平，提高准确性，有利于业务部门通过财务系统，深入掌握成本及消耗的资源，改进业务流程，消除不增值作业成本，提高业务获利水平。

（二）优化企业价值链

业财融合实现了业务部门及财务部门的内部协同合作，打通了价值链的关卡。同时，对于价值捆绑的上下游贸易伙伴和客户，因为引进了财务平台，突破了企业组织的界限，从单一企业，转变为信息技术环境下的虚拟价值链共同体。例如，互联网巨头企业，通过平台链接，实现业财协同，形成了一个总部企业、分销企业、供应链、合作团队等的集合。某个企业的利益，与价值链的整体利益一致，实现了信息流、资金流、物流及数据流的协同，创造了竞争优势。从原材料采购链可以看到其优势。以往的采购业务，是由业务部门通过企业规定的选取供应商的方式，或建立局部供应库，或通过一定的招标流程，或沿用历史合作等方式，产生供应商，按合同履约后取得报销单据，完成付款流程。业财一体化管理方式下，企业根据更多的人机交互场景来选择供应商，通过线上线下产品的实体或虚拟比较，寻找合适的供应商。因不受时间、空间影响，参加比较的产品，可能涉及全球供应商，备选产品数量成指数级增长，方便企业选择最优级产品。特别是选择电脑等电器产品及门槛较低的产品，为企业提供了更大的选择和议价空间。企业优选后，通过系统平台，可以自动进入购销环节，签订购销协议，对方履约供货。供应商直接将发货信息推送到系统平台，企业上传进货单、验收资料后，平台自动与供货商结算发票，进行支付。如果是企业与供应商签署了阶段性合作协议，可以实行自动定期取得汇总发票，定期结算货款。

（三）提高预算的准确性与指导性

企业的业财融合，纽带是全面预算管理，实现事前、事中及事后对业务的管控。打破业务与财务的条块分割局面、编制适宜的全面预算的关键是管理。业财融合可提升企业的预算管理水平，科学地编制预算，从而提高预算的准确性和指导性，达到统筹企业资源、强化管理协同的目标。

（四）提高绩效考核的完整性与全面性

业财融合，可以帮助企业更好地考核绩效目标是否达成，考核透明，可起到激励员工的作用。从价值链的整体效益，考量业务及产品绩效，提高了评价的完整性和全面性。

业财融合，一般主要涉及财务与供应链业务的融合、财务与制造数据的集成、集团内财务与资金的融通、管理费用的分摊核算等方面。

1. 财务与供应链的融合

财务与供应链的融合，可以实现从业务合同签署开始，供应链模块的信息直接进入财务模块中，包括原材料入库数量、单价，产成品的出库数量、定价，生产过程的辅助材料、生产人员薪酬，需要分摊的各项间接费用和管理费用等，直接组合成产品的成本。同时，基本供应链的数据，与应收账款及合同金额进行匹配核对，形成往来账记录，反馈到财务模块中。

营销部门对供应链和财务模块提供的成本进行核对，同时匹配及分摊间接费用，形成管理凭证。当产品通过物流派送后，形成发货凭证，联动应收账款，发出收款提示。

2. 财务与制造数据的集成

生产过程的数据，包括收入、成本和费用，根据企业的核算方式，预设好内部凭证。

内部流转的成本和费用，按内部交易价格进行结算，纳入产品总成本或费用中。

3. 集团内财务与资金的融通

涉及资金的业务，需要在收入和成本流入会计模块生成收款、税金及资金的会计处理，同时，按收款时点，匹配成本的支付进度。

4. 管理费用的分摊核算

管理费用按企业的分配规定，按产成品入库的节奏，进行内部比例分配。

业财融合的典型例子，是保险业的保单审批流程。通过业财一体化的信息系统，保险员将保险费收入和赔付信息录入信息系统，根据企业预定的加工规则，转换为会计信息，传递到后台形成会计凭证及相关报表。

第四节　财务票据网络化建设

票据报销是企业很关心的问题，对于采取集约型管理的大型集团，更是难点痛点。如何实现票据报销的快捷方便，正确进行成本确认和费用划分，反映了公司的内控水平；对发票的审核和费用归属，可折射税控风险程度；有无个人开支列入公款费用、是否浪费公款或突破标准，反映了管理层的廉洁程度；费用开支的比例反映了企业的效率及效能。

一、票据管控的难点

票据管控的难点，基本有以下几个方面。

第一，事前计划性不强。企业未能系统地安排费用预算，开支前没有申请及批准，采购及出差、接待没有报批，导致管理链条不透明、不完善。

第二，费用标准控制力度不够。虽有制订明确的费用报销标准，但容易被突破，财务人员往往在事后才参与管控，标准及预算形同虚设。

第三，费用审核耗时长、效率低。填报单据时，容易因不规范而花费更多时间；财务人员对于发票的真伪需要花费大量的时间来核实；纸质单据在不同审批流中游转，需要消耗大量的时间和人力，导致效率低下。

第四，记账烦琐。集团企业的财务人员，往往需要花大量时间来审核单据，确认预算和匹配费用，做账占用时间很长，财务价值低下。

第五，费用统计难。审批流程长、入账进度慢，导致成本费用无法及时确认，费用无法及时分摊，多维度的统计工作无法适时完成，导致数据不准确。

第六，费用支付易出错。集团企业中财务人员手工劳动量大，负荷重，出错率高。特别是涉及资金支付的，因查找困难，资金难追还。

二、票据网络化的功能

随着财务数字化的发展，通过数字财务平台，企业可以提高费用报销的管理能力。通过云计算及大数据技术等的应用，企业可实现票据报销的网络化、智能化，从而实现外部票据自动识别、自动审核和自动账务处理的功能。报销票据网络化模块应能实现以下功能。

（一）实现报销电子化

支持PC端、移动端全功能应用，提供日常费用申请、借款、费用标准查询等员工费用报销功能（涉及不低于60个子单位，具体报销用户数根据实际需求据实确定，支持上述各单位按不同报销审批流程、财务报销标准的个性化配置）；集成电子发票，支持从发票拍照自动识别发起报销，简化员工报销填单环节，通过报销流程便捷化、审批流程线上电子化（嵌入电子签章），提升用户体验；通过内置财务报销标准，集成预算控制等，自动初核，实现费用报销制度的有效落地。报销的发票包括普通发票、增值税专用发票、的士票、路桥费等票据。

（二）与发票云便捷连接，实现无缝集成

用户发起报销时，可以便捷地选择发票，导人发票后自动生成费用报销单。具体步骤可以是：选择发票→导入发票→生成费用报销单。在选择发票时，可以支持多种发票获取方式，比如电脑端选票导入等，且支持批量导入。在导入发票时还能进行发票验真、查重等风险管控，导入发票能通过OCR识别自动生成报销明细记录，并实现发票影像的电子化留存。根据业务需要，相应配置扫描枪。同时按各单位实际需求实现银企直连的对接，财务审批完成后，通过银企自动执行付款。

（三）实现预算管控

以单位、部门、项目、专项资金等为维度实现预算管控，电子报销与预算管控对接。同时预设特殊情况处理权限，特殊情况下可由集团业务管理员对流程流转进行调整。

（四）提供查询和统计功能

报销专员可以查询经办过的报销单据，可以统计某时间段内本部门的报销情况，并导出报表。业务管理员可以方便查询报销记录以及所关联的单据凭证，查询某时间段内的集团整体报销情况或是某部门、某项目的报销情况，并导出报表。报表可按不同报销类别、剩余额度等维度分别进行统计。

（五）实现分权管理

某部门的用户权限管理、本单位业务和流程配置等可以授权给部门业务子管理员处理。

三、票据网络化后的发票信息采集

发票信息的采集包括实物发票的接收和扫描。通过采集发票信息，可以验证发票的真伪，证明业务发生的真实性，同时为后期处理提供依据。一般来说，发票信息的采集有两种方式，一是利用OCR系统，扫描需报销的原始单据，另一种是由供应商直接登录财务数字系统录入。

实现票据采集后，对发票信息进行税务校验核真，对取得的信息进行审核，并检查权限审批流程是否完成，是否与预算相符并有足够的额度，是否符合规定的报账标准。所有节点准确无误后，票据将转向应付账款或进行支付，转入银行付款结点。

四、票据网络化后费用报销的角色定位

项目用户角色主要分为以下六类：

第一，报销专员：集团各部门设立报销专员。此用户主要负责使用平台发起报销时选择发票并导入发票、填写发票持有人相关信息、提交报销表单供领导审批等。

第二，各级业务领导：对报销专员提交的报销表单进行审批。

第三，报销核算人员：根据报销专员提交的报销表单进行审核，在自动初验的基础上进行人工复核，对已进行核算无误的报销表单进行归档处理。

第四，业务管理员：进行系统总体业务管理和监控、集团级业务和流程配置、用户权限管理。

第五，业务子管理员：根据分权管理要求，进行本单位用户权限管理、本单位业务和流程配置。

第六，系统管理员：对平台后台进行技术管理和运维监控，为业务管理员和业务子管理员提供技术支持。

五、票据网络化后对日常报账业务的处理

（一）日常费用报销

日常费用报销属于费用报销业务的一种，主要用于各项日常开支，员工代垫支付之后需要报销的业务场景（包括但不限于办公用品采购、交通费、差旅费、医药费等）。

每个业务场景或子单位要求所填的内容和审批流程会有所不同，可按不同的子单位和业务场景的审批流程和标准实现日常报销，设置各自的审批流程，并与预算管理无缝对接。报销时的报销明细可以对应多个收款人。按各单位实际需求实现银企直连的对接，财务审批完成后，通过银企自动执行付款。

（二）对公付款

对公付款属于费用报销业务的一种，主要用于对供应商的结算，日常公对公结算费用（包括但不限于项目付款、机票报销、对公报销等）。供应商按照约定将结算单（账单）或发票寄送到公司，公司经办人对账单和发票采集后进行对公支付申请。付款时的付款明细可以对应多个收款单位和银行账户。

（三）借还款

1. 借款的处理

员工可以发起借款申请，按各单位的管理规定设置各自的申请报表和审批流程。在财务审批完成后，通过银企自动执行付款。

2. 还款的处理

在费用实际发生后，可以进行报销冲抵借款，主要分为以下两种情况：

（1）超额报销。通过借款单关联生成费用报销单，员工实际发生的费用超出借款金额，则需要在冲抵借款后向员工支付超额部分的费用报销款。

（2）少额报销。通过借款单关联生成费用报销单，员工实际发生的费用小于借款金额，则需要在冲抵借款后将剩余款项归还公司，员工根据借款单生成还款单，同时线下打款，还款单审核通过后生成出纳收款单，用于核销银行收款记录。

六、票据网络化后对差旅费的处理

数字平台要实现适时财务处理，费用的报销无法逾越。差旅费报销需要数字平台具备以下功能。

（一）数字平台应当具备与差旅费用服务提供商对接的功能

最简单的模式是在数字平台中嵌入服务提供商的链接，如APP等，当用户打开财务数字平台后，可以通过链接跳转到差旅服务商页面，获取相应的服务。这可以称为"伪对接"，数字平台仅提供链接，无法干预到差旅服务商的任何权益，也很难享受到特殊服务。这种模式可以快速实现数字平台的开发使用，但容易被一两家供应商垄断，企业很难通过比价获得最大的权益。

第二种模式，对差旅需求数量较大的企业有较大好处。这种模式是数字平台直接与备选库中的多家旅店、航空公司、连锁酒店等差旅服务商签订服务协议，实现网络直连，信息接入到财务数字平台。当出现差旅业务时，由平台推选出最合适的产品供业务人员直接使用。这种模式下，企业可获得最大的采购效益，打破服务商垄断，实现平台自动比价，流程透明。

（二）数字平台应当能够实现与服务供应商平台的直接结算

以往的费用报销方式，业务员在出差或招待后由员工垫付，取得正式发票后再回企业报销。这种模式给员工造成了很多资金上的困难，拉长了报销的时间，甚至有可能造成票据过期。如果由数字平台整合服务供应商的资源，实现网络链接，在签订合作协议后，由企业通过数字平台与供应商进行总量结算，以公对公的方式，取得统一的发票，会大大优化企业交易流程。

这种方式中，数字平台应具备对接外部供应商的接口，设计好对账系统和审核流程。同时，数字平台能满足订单报销需求，可以按纸质凭证或电子凭证、订单模式来确定报销及付款。

数字平台与差旅供应商的对接方式一般有以下两种。

1. 简单方式

数字平台只承担费用报销环节的处理，由原来从业务员手上取得票据，改从服务商端口取得票据，直接与服务商结算。这种方式，数字平台仅需加设核对环节和审批权流程即可，简单直接易行。

2. 进阶方式

建立数字中台，承接供应商报价及选择、采购管理等职能。这种方式下，企业需要投入大量资金搭建差旅对接平台，但增加前端机票、住宿、用车的供应商选择，给业务员增加选择渠道。若企业这类业务量大，可以推广。如果企业需求量未达到供应水平，企业应当选择简单方式，或将差旅中台外包，减轻企业成本负担。

第五节　报告自动化建设

数字时代，为了提高信息披露的时效性，要求财务人员快速提供财务报告。为此，报告自动化建设势在必行。什么是报告自动化？以前财务人员采用手工核算，需要编制分录，形成各类报表；现在运用信息系统，计算机代替人工，通过编制代码及运算程序，实现自动生成报表，减少人工干预，节省工作时间，提高工作效率。

一、财务报表的分类

（一）外部报表

财务报表用于定期披露企业的经营状况、资产负债情况及现金流情况。按照企业会计准则规定，定期出具的报表必须有三表：资产负债表、利润表、现金流量表及附注。对于国有企业，在期末还要求编报资金平衡表、专用基金及专用拨款表、基建借款及专项借款表等资金报表。这些外部报表，按准则规定，有明确的报送时限，具有时效性。

（二）内部报表

企业根据管理层及股东的要求，往往需要财务人员编制各种管理报告来反映企业关键控制点的财务状况及进展情况。这些内部报表，一般涵盖成本控制、经营数据、环境等，如成本报表、人员报表、费用报表、收入报表，经营环境报表、预算编制报表、预算执行报表、财务分析等。内部报表是企业强化内部管理的管控手段，为决策者提供有效及时的信息，往往比外部报表更有实效性，因此，对内部报表的时效要求，往往会更高，质量的要求也更高。财务人员对此产生的压力更大，对报表自动化的要求也更迫切。

二、报表自动化的实现

那么，什么样的内容适合采用报表自动化呢？原则上，能形成公式化的报表，都能实现报表自动化。对于重复性、固定模式的报表，企业都要尽量自动化。对于外部报表的三表，已普遍实现自动化。对于内部管理报表，由于数据归集较难，可能存在取数困难的问题。财务人员在信息系统开发阶段，就要有预见性，规划大数据的来源及布局，作好检索链接，以便实现适时报表生成。

报表自动化如何实现呢？形成报表，少不了数据的集成和整合。为实现报表自动化，首先要梳理工作流程，从初始数据开始，确定报表需要由哪些数据组成，数据源存储的相应位置；其次设定报表格式，制作报表模块；最后导出相关数据，形成报表。目前，企业通常使用的会计软件基本都已实现三表自动化。

三、构建企业实时财务报表系统的步骤

企业实时财务报表系统的构建，需要财务人员或编报人员认真负责且了解企业情况，熟悉财会制度，按需求来设置公式。主要步骤如下：

第一，企业财务人员或编报人员深入了解企业的具体需求，除财务报告外，重点以管理报告为主，要理清业务的具体逻辑，建立好数据架构，编制好取数路径，搭建核算和编报系统，从宏观环境、企业内部环境挖掘影响企业经营结果的主观、客观原因，找到下一步改进和调整的方向。

第二，将企业内部局域网中的财务信息系统与管理信息系统的数据整合，建立企业的中心数据库，并在企业中心数据库中及时添加和更新企业经营活动的数据。

第三，建立企业实时财务报表网站，并将企业中心数据库与外部互联网联通，及时采集与经营活动相关的外部数据，实现数据共享和同步更新，并进行相互印证，分析发生差异的原因。

第四，由企业的财会人员和信息技术人员对数据库中的信息进行技术处理，然后上传至企业实时财务报表网站，供财务报表使用者及时阅读、分析和利用，为财务报表使用者提供实时的财务信息。

第六节　财务决策数字化建设

　　企业数字化建设为财务部门的转型升级提供了契机，财务部门应借此在企业的规划、决策、评估中发挥战略性的作用。通过财务数字化，发展管理会计，以及时、高效、准确的数字洞察，支持战略决策，并把决策引进数字化平台，形成市场趋势与数字技术和业务模式结合形态，使用机器学习系统来辅助管理层决策，进而推进决策数字化建设。

一、决策数字化系统的建设内容

　　企业推行决策数字化，首先要实现企业内部信息全流程、外部信息全流通的数字化。企业应实现与上下游供应商及用户和社会的联接。通过数字化建设系统的搭建，可实现业务流程与财务流程联接、客户端与业务流程联接、外管部门与业务流程联接，打破数据壁垒，使数字同步流动，形成动态信息，为决策进行数据赋能。

　　在财务数字化系统中应设置决策支持模块，如在决策支持系统中，纳入全面预算节点、资金一体化监督节点、应收账款预警节点、利润测算节点等信息流，完善支持决策系统的数据。决策系统应具备以下功能：能够发布财务管理信息和共享知识库；能够查询历史决策执行结果，适时反馈预算执行情况、工作进度，量化风险，及时警示；能够实时生成报表和自动高效抓取数据，形成分析结论；能够实时展现数据，能进行项目的完成率和风险控制的关键数值的列示，引入指标实现率、资产负债状况、现金流量状况、投资收益、净资产收益率等；能够细分决策业务；能够提供投融资决策辅助；能够为项目开发决策提供辅助，在企业进行新项目开发前，提供大量的商务概算分析和盈利设计。

二、决策数字化具体需关注的内容

　　决策支持系统内预设智能决策模型，从财务数字化系统中抓取业务表单的内部数据，根据决策模型算法集成智能表单，并通过一定的授权，进行未来的采购、销售的决策。如商品销售，根据客户端的销量，及时增加旺销品的采购，减少滞销品的采购，并相应加大旺销品上线的次数和频率，进一步开拓市场销量。

　　要达到决策支持的效能，应当重点关注与决策密切相关的以下内容。

（一）关注财务数字化信息

从财务数字化平台导出的历史数据，经决策系统中设置的决策模型处理后，可进行财务规划，制订长期或短期预算；也可进行子产品的规划、预算和预测分解，用好用活财务数字。

（二）关注经营分析

应充分关注经营状况的分析，如企业规模分析、利润分析、运营资产效率分析、经营风险分析、供应商及购买人群分析等。

（三）关注内部的指挥协调

决策支持系统作为信息集成中心，必须发挥驱动、协调的功能，以数据传递方式，指挥各模块协同联动。从合同模块开始，通过抓取合同模块的执行数据，触发订货、下单操作并形成数据；触发供应链备货、发货操作并形成数据；触发客服模块及时安装验收；触发合同模块确认收款流程，开出发票，催收款项；触发财务模块适时准确入账，形成收入及成本数据。

根据经营流程数据，匹配经营目标，形成经营分析报告，分析流程各环节可能存在的问题，总体筹划或调整下一时期的目标。

（四）关注成本度量

决策支持系统可以在业务场景中设定总成本模型，抓取实际发生的数据，研究现阶段总成本的结构，监控成本目标与实际的差异，从中长期角度，改进成本构成，提升产品的盈利能力。

（五）关注费用管理

决策支持系统关注团队的费用方案、费用预算，监控和揭示风险。量化项目费用构成，与战略规划、产品规划匹配费用内容，强化费用在项目中的绩效，采用低风险、可追溯的方式，确保费用可控。

（六）关注定价策略与利润计划

将管理团队的中长期经营目标及任务分解，与相关决策定义的产品定价策略相匹配，将盈利目标引入产品的基本计价模型。决策支持系统以权限分级，划分各区域定价授权规则，对于超出授权价的项目，决策支持系统将自动推送上层评议。

（七）关注风险和内控

决策支持系统将密切关注公司风险点，关注内部控制关键点；根据公司的风险管理流程，协同业务节点，识别关键风险，提出应对策略及措施，并适时示警。

（八）关注投资决策

决策支持系统关注产品线在投资决策中的财务评估，投资评估模型实时分析并进行决策评审，对产品的投资效率和效益、投资组合是否优化、资源配置是否合理到位、业务是否可持续增长、盈利能力是否可预测及可达成进行评估。

（九）关注交易模式

参与新商业模式的可行性分析，参与决策评审，提供新的财务模型，评估短期投入、中长期创收盈利能力，进行经营风险预测、项目概算和预算等。

第七节　财务管理集中化

企业集团的快速发展，使得组织架构日趋复杂，集团财务管理难度越来越大，财务管理成为推动企业成长的核心力量。企业财务团队必须有"战略家"思维，做到"战略财务"。首先，要认识到财务工作不再是生产经营的附属内容，而是关系到整体效益的重要工作。其次，要认识到实施主体是全体企业人员，财务管理从制定到实施，总部到各级成员单位，均应参与。最后，财务管理应渗透到各板块、各部门、各方面，由总部统筹协调，构建集中管理的财务模式，以适应企业发展。

一、财务管理集中化的优越性

（一）信息技术发展有利于财务集中管理

随着信息技术的发展、数字的取得日益便捷，让以往为满足时效性要求而采取的分散管理，向集约型集团管理的转变成为可能。通过IT与管理融合的创新策略，可推进企业财务管控体系的构建。运用互联网、财务共享平台、云计算技术、电子商务技术等，可以快捷地搭建财务数字化信息平台，实现集中化财务管理，从而达到节约成本、优化资源资金、提升效能、提升管理组织灵活度、增强企业的核心竞争力和市场应变力的目的。

（二）有利于企业战略目标达成

对于大型企业集团，推行财务管理集中化，可保证集团和成员单位财务战略目标的一致性。根据企业整体战略，从企业总部层面制订统一的财务战略，采取与企业相匹配的财务制度、财务报销流程、财务控制及内部控制模式、考核评价体系，从而实现企业的战略目标。根据管控和协同的需要，明确集团与成员单位的权责利，切分"集权"与"分权"的界限，充分调动各级的主观能动性，发挥企业的效能。

（三）有利于提高财务质量

推行财务管理集中化有利于加强财务质量管控，降低企业财务信息失真的风险。在企业内部，各成员单位形成纵横价值链，不同层级的成员单位，按照集团统一的财务核算体系，客观、准确地反映经济业务信息；按照统一的会计政策，正确、完整地录入财务信息；信息汇总、上报、合并，实现时效性及口径一致，保证财务数字的真实性、有效性和准确性，使各项工作在财务战略轨道上有序、高效运转。

（四）有利于高效配置和管控资金

企业内部及与供应商关联的体系内，实现资金的高效配置和管控，也是企业战略达成的重要手段。推行财务管理集中化能更好地实现资金高效配置及管控的目标。资金是企业的生命线，实现财务集中管理，也就把握住了资金的统一，通过内部融通资金、盘活资金，提高资金使用率，减少银行信贷成本，降低企业负债风险。

（五）有利于强化会计控制职能

通过财务集中化管理，可以强化会计的控制职能。数字的适时性，提升了财务对预算适时控制的能力，可以同时对销售进程、成本使用、费用开支进行配套监控，设置各种管控"按钮"，对业务流程中违规或超标的项目自动"退出"，充分发挥财务的监控职能，提高资金效能及经营效能，进一步防范经营风险。

二、财务集中管理的核心

在财务管理上，实施财务集中管理其核心是实现数字化集中管理。通过搭建企业总部与成员单位的财务数据体系和信息共享机制，设立业财一体化平台，实现数字流、物流、资金流、资源流的集成管理，实时采集业务过程的数据，自动生成财务核算数据源，保证数据的实时传输和共享，财务与业务记录同步生成，实现财务与业务的进程一体化，可以更好地发挥财务的服务职能。

三、财务集中管理的原则

（一）总原则

与战略目标协调一致；合理配置人力资源，提高成本效益；合理调度资金，提高资金使用效率；规范会计核算，统一会计政策，提高会计信息质量；强化财务监控，维护企业集团整体利益。

（二）明确权限的原则

第一，企业总部统一配置财务团队，可以采用所有财务人员归集统一管理模式，或者采用分级管理模式，企业总部派出财务机构负责人及财会人员，对派出人员实行监督管理。

第二，企业总部统一管理会计业务、财会人员的档案、职称评聘、职务晋升、内部调动、福利报酬、奖惩等。

第三，企业总部负责考核财务人员。可以采用总部+成员单位双向考核的方式，即成员单位考核出勤情况、服务态度；企业总部考核工作效率、工作责任。

（三）资金统一管理的原则

集中资金管理，统筹资金的调度。成员单位持有的资金，进入企业资金池，需要使用时提出申请，在企业系统内按调拨额度控制支付；企业总部定期与成员单位进行往来资金结算。

（四）费用分级审批原则

根据企业及成员单位的公司治理结构，合理授权，自负盈亏。由授权的责任人，在权限内承担费用审批责任，企业总部承担管理和执行责任。

四、实现企业财务集中管理的条件

（一）企业采取集权型的战略管理模式

企业采取集权型的战略管理模式，即企业集团对成员单位的股权链条清晰，具有绝对管理权和决策权，总部能统一财务制度、调度财务人员、调剂资金。如果企业成员单位以松散型股权架构为主，则无法控制投资权、财产处置权、收益分配权以及人事权，无法实现财务集中管理。

（二）各成员单位地理位置分布相对集中

这样既便于总部财务部门及时了解、掌握经营情况和财务状况，又便于各成员单位办理报销业务，减少沟通成本，提高办事效率。部分企业，其成员单位分布地域较广，若实行财务集中管理模式，在设立财务共享中心时，要充分考虑交通和网络便利，匹配合适的操作平台，这样才能实现有效集中。

（三）企业总部具有良好的财务状况和较强的融资能力

财务集中管理的核心是资金统一管理，只有当整体维持良好的财务形象、取得较高的银行信用时，企业系统内资金运作方能进入良性循环。否则，资金的统一管理反而不利于成员单位的对外融资，财务集中管理没有了存在的意义。

五、实现财务管理集中化的具体操作方式

（一）实现资金的集中管理

实行企业整体"收支两条线"，通过资金归口管理，统一开设收入账户及支出账户，对已有账户进行整合、直联，控制资金流入、流出，动态监控成员单位的经营活动。同时，对资金进行统一调配，减少资金沉淀，提高资金利用效率，节约资金成本。

（二）实行全面预算管理

预算管理是根据企业战略目标，通过对资金、资源的分配，分解营收计划和成本费用，实现经营创收和资产保值增值目标的一种有效形式。全面预算管理是企业财务管理中不可或缺的控制模式，可有效量化企业资源，更好地实现决策管理目标。预算管理体系明确界定了各责任主体的责、权、利，依托统一的信息平台，按节奏下达预算指标，成员单位根据审批通过的预算来执行。

（三）信息集中管理

实现财务集中化管理，前提条件是业务及流程信息化。企业可以通过信息硬件设施的

建立，分步推动信息集中管理标准化、体系化。根据规范的编码和流程，信息获取部门将相关数据上传到信息系统中，数据使用部门从数据库中提取数据，实现信息的实时传递与共享目标。

（四）统一主要的财务管理制度及会计政策

为了加强企业集团的战略协同，保证企业财务的统一性，规范成员单位的经营行为，保证经营成果具有可比性，应制定统一的企业集团财务管理制度。这些财务管理制度包括"三重一大"审批制度、授权审批制度、对外投资管理制度、融资担保制度；同时，要在通用的信息平台上运行会计核算软件，实现数据无缝链接，提高会计信息质量。

（五）实行财务人员统一管理制度

为规范财务信息，企业可以设立财务结算中心或财务共享中心，对财务人员实行统一管理、统一调拨。成员单位不再设立专职财务，其报销及成本支付，通过"作业池"分配到财务人员，最终实现财务透明。

过渡期间，可以采用"委派"模式，企业总部下派财务人员负责成员单位的财务管理、预算管理、会计核算、成本费用控制等工作。委派的财务负责人列席成员单位的决策性会议，适时或定期向企业总部报告成员单位的财务情况，并定期向企业总部述职。

（六）强化企业内部审计

内部审计是实施内部监督、事后控制的重要手段。内部审计的主要业务为年度审计、专项审计、离任审计、专案审计和内部控制审计。内部审计的职责有：一是财务收支审计。审计的内容以财务状况和经营成果为主。主要关注财务预算的执行情况、财务收支及其有关的经济活动的真实性、合法性、内部控制制度等，保证财产安全、完整及合理使用。二是制度审计。关注成员单位对财务制度及相关法律法规执行的情况，内部控制完善情况，预防经济犯罪的发生，确保公司的经营方针、策略、政策以及制度的贯彻执行。三是管理审计。采用独立的、客观的分析方法，对组织架构、控制制度、职能进行检查，评价公司的经营效益及贡献能力，提出建设性意见和改进措施，协助管理人员更有效地管理和控制各项活动，提高经营管理水平，合理使用资源，提高经济效益。

六、资金集中管理

财务管理集中化，关键是资金的集中管理。借助数字技术和信息化平台，可优化资金配置和金融资源管控策略，有效管理资金的流量和流速，提高资金的使用效率。

实现资金集中管理，要从资金管理的组织架构、资金制度、审批流程等方面出发，制订企业的资金计划，以及结算管理、调度、记账、融资、风险分析等解决方案。在规划信息系统时，应设置资金账户和现金池管理模块、资金计划模块、资金调度模块、往来账管理模块、资金结算模块、票据模块、现金流量模块等。

资金集中管理，除了技术层面外，还要注重法律手续是否齐备。作为独立法人的下属公司，将货币资金纳入企业总部的管理账户，要有法律依据。根据股权所属关系，企业总部以出资人身份，依据财产所有权，对下属全资及控股公司实行资本控制。资金集中管理的法律基础必须建立在这个上面。资金的集中管理模式可以分为：统收统支、拨付备用金、建立结算中心、设置内部银行与建立财务公司或司库等。采取哪种模式，视企业发展阶段而定。一般来说，当企业集团初创时，公司总部对下属公司有可能采取统收统支与拨付备用金的资金管理模式；企业集团发展成熟时，企业总部可以采取内部资金结算中心、财务共享中心或内部银行的结算模式，通过自有平台办理结算，资金流向均由总部发出指令，有偿调剂和调度资金，最大限度降低资金融资成本。

企业要实现资金集中管理，需要银行的配合。企业在不断的扩张过程中，由于跨地域经营、行业多元化等原因，与多家银行建立了业务关系。现阶段，各银行的结算系统相互独立，资金各自存储，无法流通。如何通过银行的电子产品，实现资金统一管理，需要取得技术支持。现阶段银行对企业的产品，主要有电子银行、存款业务、信贷业务、机构业务、国际业务、住房金融、中间业务、资产推介、基金信托业务等；能实现跨银行现金管理的，有"企业网银"和"银企直联"等方式。

七、银企直联

银企直联是指银行系统和企业的财务系统相联接，企业直接通过银行搭建数字平台。企业通过财务信息系统的接口，采用信息交互方式，办理账户管理、转账支付等银行服务。根据企业资金管理的需要，银行提供定制的个性化服务，通过数字平台实现统筹付款、收款、定期或不定期的资金归集下拨、账户余额保留、电子对账、员工工资发放等多种功能。同时可以提供资金的查询及分析报表的生成，是新型的网上银行业务。

（一）银企直联功能

1. 数字信息系统支持

银企直联与企业数字信息系统对接，将企业总部及成员单位的所有银行账户纳入平台，实行统一管理，通过流程再造、改进审批流程等进行信息交互，便捷地进行资金管理与信息维护。

2. 直联付款

由企业数字信息系统提交付款指令，以银行约定的方式（中间表或报文）进行信息传递，银行付款后反馈支付结果。

3. 资金信息查询

根据银行约定的时间，通过中间表或报文，企业从信息系统中读取账户的资金收付款信息。企业可以对信息进行汇总、整理及分析。

（1）收款管理：通过筛选收款记录，整理收款信息，数据自动传递到数字信息系统的收款管理模块中进行核算与财务管理。

（2）银行对账：企业数字信息系统将银企直联传递的银行收付款信息，与自身系统记录的数据进行核对，及时提醒财务人员是否存在资金账务漏记、错记的情况，同时自动编制银行余额调节表，记录未达账项。

（3）自动记账：企业财务人员手工录入银行账，容易出现错误、遗漏等情况，与银行对账时有可能出现无法匹配的问题。通过银企直联的收付信息查询功能，可实现自动将银行流水整理为企业资金账入账，大大节省了人力成本，降低了对账难度。

4. 资金信息分析

根据企业数字信息系统整合的基础数据信息与日常交易信息，企业资金管理部门可据此编制管理日报、收益查询等报表，对企业资金活动进行分析，为决策提供依据。

（二）银企直联的实现方式

目前银企直联实现方式主要分为两种，即嵌入式及前置机式。嵌入式是采用银行开发成熟的应用软件，直接从企业数字信息系统数据库或接口获取指令并处理数据；前置机式是采用企业与银行各自准备的文件服务器，通过SFTP／HTTPS等方式进行数据的传输及处理。下面简述这两种实现方式的原理与优缺点。

1. 嵌入式接口

银行推出了跨银行资金管理系统，企业数字信息系统的数据库通过互联网与银行结算系统联通，根据业务不同，结合两方的数据进行信息交互。企业将支付信息写入与银行结算系统的接口表，银行读取后发出处理指令，并将付款结果通过接口表的特定字段，推送给企业的系统。企业系统在成功支付后，自动对发票创建付款；若支付失败，则通知外围系统发邮件提醒付款相关人员。

银行结算系统会定期向企业信息系统推送银行交易中间表，反映各账户的流水以及余额等信息，企业系统读取流水后，形成数据传递到资金模块。企业按照一定对账规则，勾对银行流水与企业日记账。

该方式的优点在于，企业无需投入过多的开发成本，根据银行提供的联通与接口设计即可实现数据的抓取；缺点在于，该方式要求银行的配合程度高，企业需求受制于银行信息，反馈周期较长。

2.前置机式接口

银行与企业采用传统报文交互的方式，通过前置机与银行服务进行通信。根据业务不同，通过不同格式的报文加以区分，企业系统与前置机的交易数据报文，采用SOCKET TCP／IP同步短连接方式，其流程如图6-1所示。

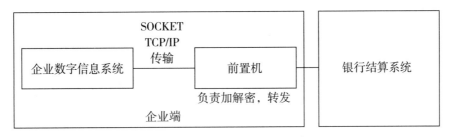

图6-1 企银直联前置机交互示意图

银行读取企业付款的报文信息，在校验文件格式后处理付款。处理完毕后返回报文告知企业付款是否受理。如果支付失败，则通知外围系统发邮件提醒付款相关人员。同时，银行定期传递资金流水至前置机。

该方式的优点在于，通用性较高，能满足企业对于数据安全性的需求；缺点在于，客户化开发程度要求较高，另外由于采用网络传输文件的方式，存在丢数据包的可能性，在方案设计阶段，对于异常情况的处理需要有较为全面的考虑，对方案设计的要求较高。

八、资金池

资金池是企业用于归集总部及成员单位资金所使用的金融工具。它把资金汇集到一起，形成蓄水池一样的储存资金的空间，用于归集企业所有资金，并在企业内部进行自主调配和共享，降低企业的融资成本，实现资金资源效用的最大化。主要包括的事项有余额划拨、成员企业短期现金透支、资金拨付与收款、成员单位之间委托贷款以及向企业总部的上存、下借分别计息等。资金池的具体业务流程如下：

（一）开设资金池账户

企业根据开户的情况，选择一家信誉好、与企业契合度高、开户数量大的银行，与之建立合作关系，设立资金池账户，将企业其他银行的账户与之连接，或在资金池银行中重新开户。集团企业总部开设总账户，下属各成员单位开设子账户，或把原账户与总账户建立连接。同时，确定资金池账户结构。其结构主要由三个层次构成，上层为主账户，中间层是委托贷款专户，下层是子账户，各层次之间的业务往来由资金池银行完成。

（二）日常操作流程

资金池主要业务有子账户余额上划、子账户间资金拨付、对主账户的收款和透支、子账户资金的上划和下划计算利息等。日常操作流程分日间和日终业务流程。在日间，资金池内的主账户和所有子账户的收支业务都可以正常进行。如果正常收支业务往来中出现子账户对外支付余额不足的情况，可以通过主账户向银行适时透支支付。透支额度以资金头寸余额为限，超过这一限度则不能完成支付。在日终，资金池将会根据事先设定好的规则自动地把资金划拨到各子账户中，用以补充透支的金额。与此同时，银行自动扣减在固定期间内结算的委托贷款利息。

第八节　数字化财务的内部控制

一、数字化财务的系统风险

数字化财务带来的系统风险主要有下面几种。

（一）特殊业务无法识别的风险

对于标准化、规范化的业务，数字信息系统处理起来得心应手。但对于非标准化的业务，特别是合规、合流程但不合理的业务，系统无识别能力。如一些费用不真实，但支持性文件齐备，则系统无法进行有效识别。

（二）数据安全性风险

数据存储中心和计算中心对环境的要求较高，对温度、湿度、清洁度都有一定的要求，容易出现备份不足产生丢失或损毁数据的情况。另外，由于系统开放，各种端口可以进入，特别是移动端，存在网络安全性风险。

（三）系统舞弊风险

由于系统自动化程度高，数据处理和存储高度集中，有可能存在不相容职务集中的风险。另外，如果系统初始时程序设计有缺陷，会导致数据有很大的偏差，甚至存在隐性犯罪。如果程序设计不周或对于输出文件不进行人工检查，有可能导致不合规的业务和数据游离于监管之外，造成数据失真。

（四）差错重复出现的风险

手工操作时，错误一般都是个别现象，发现后往往容易纠正。但在数字信息系统发生错误时，由于处理速度快，自动化程度高，当差错出现时，可能会由于无法及时发现或阻止而造成连串的差错，在短时间内蔓延，造成更大的损失。还可能由于对差错的反映不及时，出现反复执行同一错误操作，造成多次错误。

（五）程序被恶意改动风险

信息系统由很多的程序组成，每段程序都由特定的程序员负责，对程序调用或修改的控制，是至关重要的。如果对程序员权限没有一定的控制和隔离，容易发生程序被未授权的人非法操作的情况。由于程序设计的漏洞造成的差错，更加隐蔽，潜在的风险更大。

二、数字信息系统内部控制的分类

（一）按照控制实施的范围，可分为一般控制和应用控制

一般控制是对信息系统的主要因素（人、机器、文件）与数字处理环境的控制，一般又分为组织架构控制、系统开发与维护控制、硬件及系统软件控制及安全控制，是针对整个信息系统进行的框架控制。

应用控制是对具体功能模块及某个业务处理流程环节的控制，有输入控制、中间审批控制、插件控制、查询控制、输出控制等。应用控制适用于特定的处理节点，是一般控制

的具体化。

（二）按照控制采用的手段，可分为手工控制和程序控制

手工控制是指在某些关键环节，实行手工操作，如审批环节、支付环节，以减少系统处理的风险。程序控制是由信息系统自动完成的控制，如预算管控、差旅费标准、住宿标准等。

（三）按照控制的层级，分为预防性控制、检查性控制和纠正型控制

预防性控制作为事前控制，为防止不利事件的发生而进行的控制，如前期按岗位设定不同员工有不同的授权；检查性控制是事中控制，在事件进行中检查的控制，如在系统中预设逻辑关系的匹配和核对等；纠正型控制作为事后控制，有一定的滞后性，是为了今后消除或减少不利事件设置的控制，如发生错误支付后的短信示警及对经办人进行追索的控制。

（四）按照实施主体的不同，分为信息部门控制和用户控制

信息部门控制是由系统员或程序直接实施的控制，如系统过热保护控制、数据自动备份控制、录入密码错误锁定控制等；用户控制则是指使用部门对数据进行的控制，如定期更换登录密码、定期轮岗等。

三、数字信息系统内部控制的显著优势

内部控制自身的管理手段，从人工控制向自动控制转变。传统内部控制，以人工控制为主，设定一定量的内部控制岗位，由人员进行检查及监控。人工控制一般存在于规模小、生产流程不复杂的企业。内部控制一般重点在于审批和复核业务活动，对事项进行跟踪并控制。随着数字化平台的建设，内部控制的管理手段必将向自动控制转变。内部控制部门通过设计好的控制策略和干预措施，在生产环节安装检测装置，当出现偏差时，装置将进行自动矫正，令其回归预期状态。

自动控制一般运用于大型企业，以嵌入计算机程序的控制为主，利用信息系统控制业务的生成、记录、处理和报告的生成过程。

运用数字信息系统开展的内部控制有显著的优势，能提高效率和效果。首先是在数据量的处理上，可以进行大量的交易和复杂的运算；其次能及时、迅速地获取信息，提高准确性，同时有利于数据的深入分析；再次，能提高对经营业绩和政策执行情况的监督能力；最后，通过应用程序、数据库系统和操作系统进行安全控制，还能提高不相容职务分

离的有效性。

　　企业实现数字化财务后，内部控制应当根据其数据集中、处理量大、存储磁化、流程自动化、系统开放、授权分散、内部稽核难等特点做适当调整。

四、具体控制内容

（一）不相容职务控制

　　由少数人（通常1人）担任某些敏感职务时，有可能发生差错或舞弊行为，企业应当在岗位设置时充分考虑控制的关联性，采取一定的隔离和牵制措施降低或规避风险。不相容职务分离控制，要求企业目标和职能清晰、合理，按授权分离方式，设定不相容职务的界限，实施相应的分离措施，制订各司其职、各负其责、相互制约的工作流程。同时，应考虑岗位特点和重要性，对关键岗位及风险系数大的岗位，实行定期轮岗制度，可以规定三年一轮岗，最长不超过五年轮岗。还可以采用强制休假制度，强制离岗一周，防范岗位履行过程中存在的风险。

　　不相容职务通常存在于以下几种流程中。①采购和使用流程，不相容职务涉及的事项有：申请采购与审批、询价与确定供应商、采购合同拟订与审批、采购与验收、采购与会计记录、验收与会计记录、付款申请与审批、付款审批与支付；②财务流程，不相容职务涉及的事项有：会计记录与出纳、往来账与出纳、往来账与银行对账、出纳与银行对账、会计记录与仓库管理、会计记录与实物管理、会计记录与财产保管等；③业务流程，不相容职务涉及的事项有：业务申请与授权审批、业务经办与审批等；④监督流程，不相容职务涉及的事项有：业务审批与监督、业务经办与监督、会计记录与监督、出纳支付与监督、供应商选取与监督、合同签订与监督等。

　　自动控制在开展不相容职务控制方面，有其明显优势。企业通过在信息系统上设定不同的授权，从流程上即可自动实现不相容职务的相互分离。程序员和系统管理员独立于流程以外，按权限等级进行信息系统的初始设定。

（二）授权审批控制

　　授权审批控制是在职责分工的基础上，按企业分配的授权层级，为相关岗位及人员分配权限和责任，做到每项业务都有适当的责任人和权限等级，承担绩效指标的实现和法律责任。

1. 授权管理

授权管理要求企业管理层建立权限等级，形成书面文件，从上至下委托授权。授权书明确管理职责分工、授权原则、授权具体内容和权限范围、授权期限和条件，保证各级权责明晰、执行有序。

2. 授权要遵守的原则

（1）分级授权原则。授权应当从上到下，逐级实行，不得越级。

（2）有限授权原则。授权者应当在权限范围内授权，不得超越权限范围授权，否则为无效授权。

（3）权责对等原则。被授权者在享有授权的范围内，承担相应的责任，作为企业内部绩效考核的依据。

（4）全过程监督原则。被授权者应当自觉接受监督，并定期反映职责情况。

3. 授权种类

企业授权的种类，有常规性授权和特殊授权。常规性授权是指企业日常生产经营过程中按岗位聘用的职责、按流程所处的位置进行的授权。主要有预算审批授权、业务审批授权、支出审批授权、合同审批授权、投融资金授权、销售和运营授权、采购授权、资产管理授权、法律事务授权等。特殊授权是指特别项目或特定时期的临时授权，如新项目业务权限、投资、对外担保、关联交易等特别事项的授权。

4. 审批控制

企业的各级人员在授权范围内办理业务，不得超越授权或未经授权开展业务。被授权人对业务的真实性、合规性、合法性及完整性进行复核和审查，以签名或签章的方式提出审批意见。对于符合企业要求，需要集体决策的重大问题决策、重要人事任免、重大项目投资决策、大额资金使用等事项，企业可采用集体会议决定或汇签制度；需要由董事会或股东大会决定的事项，应当按规定进行，个人不得单独决策，或擅自改变集体决策。

（三）会计事项控制

根据民法典和其他法律法规的要求，企业要设置会计机构，配置专业的会计人员，按会计行业的职业道德操守和业务胜任能力开展工作。如会计人员应当受过专业会计教育，会计机构负责人应取得会计师以上专业技术职称，大型企业应当配置总会计师或财务总监岗位，一般企业应至少设置会计和出纳两个岗位。企业应当设置会计负责人岗位。

企业应当严格按统一的会计准则及企业的会计政策、会计制度开展会计工作，明确会计凭证、会计账簿和财务报告的编制流程，规范会计政策和会计事项，明确收入成本费用的确认、计量、记录和报告，监督会计核算合法合规。企业可定期对会计核算进行检查，包括审计和稽查，防范核算风险。

（四）资产保值控制

资产的保值增值是企业的职责，也是发展的基础。资产的合理使用与妥善保管，贯穿于企业经营的全过程。企业的内部控制应当强调对资产的管理。

1. 建立健全资产记录制度

财务部门对企业所有的资产进行入账登记，以总账和明细账及报表的方式列示。资产管理部门，应根据实物，建立资产台账，如实记录资产的现状，并要定期盘点，定期与会计账进行核对。

2. 特定资产特殊管理

对于现金和银行相关的印鉴、签章、支票、有价证券等，应当有特殊的保管方式，如指定特定人员管理、设立保险箱、设定物理隔离设备、配置监控设备等。对于价值高的物品，如珠宝、玉器及黄金等，还可以通过专业的存储空间，如银行保险柜等方式来管理。

3. 加强存货管理

企业的原材料、在产品、产成品、代销商品等，都是有价物资，要有明确的控制管理方式。建立仓储管理流程，规范验收入库、如实记录、定期盘点、领用记录、出库记录等，都是保护存货的有效控制手段。还要针对存货的特性，提供合适的保管场地，如做好防火、防洪、防潮、防虫、防霉等保护设施。

4. 购买重要资产保险

企业重要资产，要适当购买保险，降低企业的风险。根据资产的性质，选择投保范围和投保金额。如发生损失的，要及时办理理赔手续。

5. 资产处置管理。

资产处置一般包括调拨、出售、投资转出、捐赠、交换、报废等。企业应当制订一定的资产处置报批流程，按规定的权限审批后执行。重大的资产处置，如房屋、车辆及土地使用权等，应当委托有资质的第三方中介进行资产评估，按评估价挂牌转让或出售。对于非正常的资产损毁、丢失或报废，应当及时分析原因、落实责任，按资产管理的流程层层上报处理。如果无法判断原因，还应当请专业部门进行技术鉴定。

6. 绩效考评控制

企业对各责任部门及全体员工，定期考核其业绩完成情况并进行客观评价，得出绩效考评结果。员工的考核结果，将作为薪酬及职务晋升、评优、调岗、辞退的依据。企业建立合适的运营及管理目标，并将其层层分解到责任部门及员工，通过定期的绩效考评，作为对责任部门及员工工作完成情况的界定，具有很大的激励作用；也有利于挖掘潜在能力，发现问题，优化资源资产分配，助力企业进一步提高管理能力。

7. 档案管理控制

企业的日常运营活动，都需要以文件及记录形式存档，如何合理存储档案，是企业需要重视的问题。一般档案有企业规章制度、人力资源文件、管理文件、会议纪要、交易事项、合同及协议、会计资料、资产资料、对外报送的各项资料等。建立健全档案管理控制制度，是企业开展业务的重要依据，是企业有效获取、追溯和检验信息的手段。文件记录的介质可以是纸质、光盘、照片、磁带、音像制品等。留档的资料，一般都需要原件，或高清版、经确认盖章的复印件，否则，失去存档的意义。档案应统一编号，分类保管，尽量建立电子档案和实物档案；重要资料及数据，应有完好的备份。建立借阅及销毁制度，设立一定的管理权限及责任人。

（五）信息系统控制

企业的数字信息系统随着使用面的拓展，其内部控制难度也越来越大。企业应加强对数字信息系统的开发和维护、访问与记录、数据输入与输出、文件存储和保管、网络安全等风险的管控，保障信息系统的高效运作。信息系统控制应关注以下重点环节。

1. 系统开发环节

首先，企业信息系统开发建设，是项系统工程，其控制的重点在于规划控制，控制好整体设计，分清长期目标与短期开发、投入与资金匹配、规划与岗位配置、规划与组织架构、效率与协同等界限，有步骤、有层次地开展系统开发。

其次，开发建设要着重控制供应商或开发单位的选择，合理配置人员，明确系统设计、编程、安装调试、试用、上线等各环节的控制。强调执行过程与规划一致，人员及资源、资金的到位，项目关键环节有阶段性评审并且可控。如果发生不一致，要查明原因，看是初始规划不合理，还是执行阶段出现偏差，应适时做出更正。

最后，如果企业采取外包方式来搭建信息系统，则要关注外包的供应商是否具有行业优越性，产品是否与企业需求相匹配。此时，一是充分了解供应商的市场信誉、资质条件、技术力量、财务状况、服务能力、既往的成功案例等，择优选用。可采用公开招标或集体决策等形式来规避决策风险。二是研究产品的实操性，该产品是否符合企业需求。明确涉及的工作范围、合作内容、责任切分、双方技术对接、人员配置、所有权属、保密体系、数据及文件归档，以及合作期限、付款方式等，签订协议或合同，以此保障系统建设如期执行。

2. 信息系统运行与维护环节

信息系统运行与维护环节也是企业需要关注的控制点。具体有日常运行维护、系统更新升级和日常使用管理。

（1）信息系统日常运行维护环节的控制，主要针对日常操作、日常巡检、维修、运行监控、报告及偏差处理等。一般通过建立规范的日常运行管理制度，设置维保人员岗位，进行定期巡检、有效备份、应急处理等来控制；也可以通过委托外包维保公司，来系统完成日常运行的监控。

设置防火墙和安全门户，是保障企业数据及系统安全有序运行的前提。企业可通过操作系统、数据库系统、应用系统提供的安全机制，设置安全参数，保证访问安全；安装安全防护软件，防范恶意病毒等的破坏；也可以委托专业的信息系统维保公司，安装有效的防护软件实时监控，达到安全保密的目的。

（2）系统更新升级环节的控制。当信息系统不适合企业需求时，需要对信息系统进行重新评价，更新升级或更换其他系统。这一环节，要做好承上启下转换工作的控制。对于旧系统的数据和资料，要有安全的存储管理措施，规划好存储的方式、地点和环境，做好数据保护。对于应输入新系统的数据，要做好系统格式的转换，并有序录入新系统，避免在此过程中数据的丢失、遗漏或出差错。对预计更新升级的内容，按照系统开发环节的控制来执行，确保系统可控。

（3）系统日常使用环节的控制。信息系统在具体的使用过程中，涉及企业的方方面面，控制要落实到位。对数据输入环节要有恰当的控制，要做到录入权限有控制、处理审批有控制、数据合理性有检验校对、业务真实性有核对、时效性有检验，以及有审计跟踪查询节点、有备份和数据查找及恢复的控制，确保输入的信息是经授权的、有效的信息。对数据输出环节进行控制，确保输出的数据无偏差，内部处理符合预设的流程，形成的结果可信，款项支付无误，输出的信息正确。具体措施有数据流程的内部校对、复核汇总或合并数据的准确性、匹配数据钩稽关系、手工审批节点的辨真、输出节点的授权完整等。

（六）全面预算控制

全面预算管理，是企业为统筹安排企业资源和资产，合理分解任务并落实经营责任的管理方法；是全方位、全过程、全员参与的管理模式，是企业提升管理水平和运营效率的有效手段，同时，也是内部控制及规避风险的有效手段。为控制其风险，企业应当关注以下几点。

第一，控制企业全面预算工作的组织架构，确保预算按规定及流程实施。充分发挥预算管理委员会的管理协调和控制职能，制定实施预算管理的制度、办法和要求等；明确每年的企业战略规划和运营目标；设定预算计划，确定预算分解方案、编制方法和编制流程；组织全企业进行预算编报并按预算实施；年末对预算总体执行情况进行分析、评价与考核。

第二，企业根据权责分类实行不同的控制方式。可以按投资中心、利润中心、成本中心、费用中心和收入中心等分类。对这些责任单位的控制，着重关注其预算编制的合理性、预算收支实现的可行性、预算成本核定的节约性，以及是否严格按经批准的预算执行。同时，及时分析、报告责任单位的预算执行情况，做好预算的综合平衡、考核及绩效奖惩的工作。

第三，企业运用数字信息系统来管理全面预算，应在适当的授权范围内对各环节加强控制。不管企业采用零基预算，或是滚动预算，都要重点关注各节点。预算管理委员会按企业收入及成本构成，细分明细。如收入部分，列明各责任单位的创收计划，按时间空间细分到每个月、每个星期、每个地域预计创收的金额；对于支出部分，按人员成本、原料成本、机器成本、营销费用、管理费用等细分，减少盲目一口价的预算编制方法。另外，在执行过程中，重点关注责任单位是否按预算执行，如项目人数是否满足项目需求，原料、机器是否有闲置现象，创收活动是否有开展，是否完成创收指标，等等。

第四，有效考核预算。考核预算，是对责任单位的激励和约束机制，把预算与考核相结合，考核结果与经济利益挂钩，能最大限度地调动各责任单位的积极性和创造性。对考核的控制，应着重关注以下方面：首先，建立健全预算考核制度。考核制度的科学性、客观性、公正透明性，量化考核制度指标，使考核指标具有可控性、可达到性和明晰性。其次，所有责任单位都按统一的考核制度进行考核，尽量减少特殊性，体现公开公平公正性。最后，奖惩措施要及时落实，注意利益分配的合理性，防止实施中的人情因素。

（七）信息与沟通控制

企业应当建立良好的信息与沟通机制，及时、准确地收集、传递各项信息，确保顺畅、无误的有效沟通。加强信息与沟通控制，主要关注信息收集、内部沟通流程、外部沟通模式、舆情管控等。企业要关注信息的收集，包括外部信息和内部信息收集。外部信息通过各种行业协会、专业机构、主管行政机关、政府、财政部门、税务局、市场、证券交易所、供应商、咨询机构等渠道，获取企业需要的信息。通过对信息的筛选、整理、提炼，得到有价值的信息，为企业的决策服务，提高企业管理水平与运营能力。同时，加强与投资者、债权人、监管部门、客户及律师、外部会计师等的沟通，获得企业的社会地位，树立良好的公众形象。

内部信息的沟通，关系到企业文化的培养。企业通过员工相互交流、座谈、培训、业务沙龙、企业活动、文件传阅、通信交流等各种方式，收集和传递、共享信息，提高工作效率，增强协作能力，强化员工认同感和责任心，实现企业战略的有效达成。

信息沟通的控制，要关注信息源、信息发布者、编码、传递通道、信息接收者、信息使用者几个方面。关注信息的真实性、信息表达的恰当性、信息使用的正确性，以及信息解读的情况和使用者的反馈。企业应正面引导信息的沟通，增强正能量的传递，提高信息的效率与效果。

第七章　信息技术应用于企业财务共享

第一节　大智移云背景下企业财务共享理论

一、共享服务的概念及发展

在一本书中是这样定义共享服务的：将共享服务看成是企业的合作战略中的一个全新的半自主的业务单元，包含并替代现有的经营职能。该业务单元以降低成本、提高效率、创造更高的经济价值、提高对内部客户的服务质量为目标，并拥有相应的管理机构，保障其能够像企业一样，独立自主地在市场中开展竞争。

"共享服务"这一创新管理理念被提出之后，受到越来越多公司的重视和采用。主要是随着企业规模不断扩大，造成每个分、子公司需要配备同样财务、采购、人力人员，且由于地区和公司差异造成各分、子公司的流程和标准的差异和多样，各个业务单位的业务量不均，这些从整个集团公司层面来说在浪费资源的同时大大降低了各项业务的处理效率。对于现代企业而言，"共享服务"成为企业业务流程再造和标准化、提高服务质量、降低成本、提高效率的最有效管理模式。

二、共享服务主要有以下方面的特点

（一）共享性

这是共享服务中最突出的特点，将重复性高、易于标准化的业务进行共享处理，可共享的业务范围比较广泛。

（二）技术性

共享服务中心的建立和运行在很大程度上依赖于高效率的信息技术、高度集成的软件系统。信息技术的高度发展可以使共享中心的功能进一步扩展。

（三）规模性

共享可以使企业原先协调性差和差异性大的业务合并，进行标准化和流程化处理，形成规模性，大大降低企业成本。

（四）协议性

共享服务是一个半自主的业务单元，通过与其他业务单元签订服务水平协议，来界定相互关系和明确服务内容、期限、质量标准。

（五）服务性

满足客户需求、提高客户满意度是共享服务的服务宗旨。共享服务在为内部业务单位提供服务的同时也可以为外部客户提供服务，服务成为一种商品，按照签订的协议收费。

共享服务的优势集中体现在：降低成本；提高运营效率；优化流程，更加标准化；加强企业风险管控；在实现企业管理效率提升的同时，实现集团运行价值的提升。

三、财务共享服务模式的理论概述

（一）基本内涵

财务共享服务起源于20世纪80年代，共享服务应用最广泛的领域是企业的财务管理领域。

近些年，有不同学者对财务共享服务的内涵进行了研究。本研究对其定义如下：把原先各业务单位分散的、重复性较高、易于标准化的业务整合到财务共享中心，这是一个由集团总部控制的半自主的业务单元，为众多的分、子公司按照签订服务水平协议统一提供财务共享服务，财务共享中心可以发挥规模经济和资源整合的作用，在为分、子公司降低财务处理成本的同时，可以使其专注于财务决策和分析等核心业务，发挥管理会计的作用。它是共享服务在财务管理领域的拓展，是一种重要的财务管理手段及管控模式。财务共享服务的发展高度依托于信息技术的更新和快速发展。

（二）相关理论基础

1. 流程再造理论

有学者提出了业务流程重组的思想，在满足客户需求的基础上，对企业目前的业务流程进行重组再造，改变企业传统组织结构和流程。有研究者认为流程的再造和共享是财务共享服务的核心，要根据流程再造理论的内涵开展财务共享。流程再造首先从整体出发，对重复的流程进行再造；其次主要着手于对组织架构和业务方式的再造，从而配合流程的再造，改变企业整体经营管理方式并相互连接，使流程更加顺畅，提升企业整体绩效；最后就是注重信息传递的共享、可靠和及时，为业务处理和决策提供可靠依据。

2. 资源整合理论

企业的资源有不同的来源、内容、层次和结构。资源整合就是要将这些不同资源通过选择、汲取、激活和融合，将原有资源创造成新的资源，使其更具有柔性、条理性、系统性和价值型的一个动态过程。企业建立财务共享服务系统就是这样一个将资源拆分又整合的过程，其结果是使企业的成本降低，处理效率提升。

3. 扁平化理论

扁平化是通过将原有的多个层级的管理组织进行精简，降低管理跨度，使高层决策能快速地传递到企业的各个管理组织，使基层的各个组织都能了解企业的高层决策并参与其中，促使决策更加透明和准确。财务共享则正是改变以财务部为中心的传统组织结构，在流程再造和资源整合之后将基础的重复性高的财务核算工作的处理放在共享中心，其处理结果可以快速传递和共享，从基层到高层各级都能迅速获取所需要的财务信息。

4. 系统科学理论

系统是由不同要素构成的一个有机整体，这些要素相互联系和作用。企业财务共享平台也是一个系统，它其实就是系统性地生成问题，并系统性地解决问题，系统性地达到企业降低成本、提高决策能力等方面的目标。企业财务共享是系统科学在企业财务领域、管理领域、价值管理领域、信息管理领域的新的管理方式及应用。在系统科学视野下，探讨企业财务共享系统内外环境、各要素之间的协调合作，探索财务共享系统运行的流程、规律及结果，对丰富和发展企业财务共享平台系统具有重要的理论价值和应用价值。

（三）适用范围

企业的财务业务分为基本处理业务和基本决策业务，其中基本处理业务包括应收／应付、明细账管理、总账及报表、资金管理等。财务共享服务通过流程再造，使这些财务基本处理业务按照标准化流程、统一运作模式、数据口径和技术进行处理，这样财务流程将更规范、标准和高效；基本决策业务包括财务报告和财务分析，通过财务共享服务的集中处理所产生的大量高质量的数据信息，可以为财务管理和决策提供更可靠的数据支持。

（四）关键成功因素

财务共享成功实施的关键因素主要有以下几个方面。

1. 战略规划

正确的战略规划对财务共享服务的成功实施具有正向作用，其主要内容包括战略选择、战略结构和战略职能规划。财务共享服务的战略规划往往和整个企业的战略规划一致。

2. 信息系统

信息技术支持信息交互和跨地域远程服务，使处在全球各地的分、子公司建立统一的财务共享服务系统成为现实，财务共享服务系统的基础支撑是良好的财务共享信息系统平台。信息技术的发展将企业原有的相对独立的系统进行全面整合，搭建起财务共享下的企业业务、财务、管理、战略的互联互通平台，发挥整个系统的协调作用。

3. 流程管理

流程再造是财务共享服务的基本理论。财务共享服务颠覆了传统会计流程和模式，但流程管理的过程并不是一蹴而就的，而是一个持续优化和改善的过程，流程管理不仅能为客户创造价值，更重要的是流程管理能不断提升企业成本优势，从而提升企业整体价值和可持续发展能力。

4. 人员管理

新的财务管理方式需要根据具体业务进行人员调整，人员的培训和调整需要与其岗位和技能相匹配。在这一过程中，会给员工带来风险并使员工产生抵触情绪，所以应重视对员工的培训。让员工了解财务共享服务系统的建立所带给他们的利益，获得员工支持，并鼓励各位员工积极提升自身能力、明白自身任务并参与到财务共享服务系统的构建过程中来。同时人员技能提升将促进财务共享服务系统的顺利实施。

此外影响财务共享的关键因素还有诸如组织管理、绩效管理、管理层支持、适宜的变革进度等多方面因素。

（五）实施价值

根据相关调查报告可知，已经建立财务共享服务系统的企业发挥出了其独特优势，主要体现在以下几个方面。工作效率提升，业务流程更加标准化；财务资源释放，公司主要精力集中在战略决策上；统一各地业务标准；提升服务效果、信息管理能力和沟通效果；节约成本；提升员工和客户满意度。目前国内外企业都认为财务共享模式所带来的财务职能的转型、财务流程的标准和效率的提升推动企业整体价值的提升。

四、大智移云背景下的财务共享理论

（一）"大数据"提升财务共享平台决策能力

大智移云时代，数据的价值被不断挖掘，数据成为企业一种重要的商业资本。利用大数据可以变革传统的商业模式，可以不断创新产品和技术、提升企业的市场竞争能力。在企业财务共享平台上，会产生并积累大量的财务数据，这些财务数据是企业进行分析、处理、决策的重要信息来源。

首先，云计算和大数据的结合，可以使财务共享平台的流程更加标准和优化。在日常运行和处理过程中，对于产生和积累的大量数据，可以利用数据挖掘等技术发现财务共享平台运行中所出现的问题，并进行优化和调整。其次，利用大数据处理技术进行及时进行数据处理和分析，如进行成本盈利分析、财务预算和预测分析、企业绩效分析、客户信息风险分析等，为企业日常决策和战略规划提供信息共享和支持，促进管理会计职能的发挥。最后，利用大数据为企业从大量财务数据中挖掘商业机会，发现有价值的产品和市场。

（二）"智能化"推动财务工作智能化、流程化、标准化

物联网的发展为会计信息的收集、加工、处理、存储、传输、检索、运用提供了强大的技术支持，物联网技术的高度发展把整个地球连接成一个智慧型的信息网络，会计信息生产和处理速度极大提高、智能化的信息管理系统等将使会计成本急速下降。在这种情况下，物联网必然会对会计信息化的发展产生巨大影响。物联网的发展可有效解决数据源问题、保证会计信息质量、促进会计信息标准化规范、降低会计信息化成本，并可解决"信息孤岛"问题，同时可增强会计信息系统的内外协同。

财务工作的智能化，财务标准化、流程化的工作将逐渐被智能机器替代。随着信息技术的发展，财务信息系统和业务系统实现全面对接，数据的产生、传递、匹配、校验过程

无须任何人工操作，全面实现无人值守自助报销、自动化票据采集、数据录入、凭证账簿生成、税务申报等，可极大节约人力，提高工作效率。同时，依托财务信息系统，由业务信息自动生成记账凭证、登记会计账簿、编制财务报表，实现财务核算及会计报表的自动化。同时，财务分析报表智能化，对企业经营和财务状况进行全面分析诊断，自动生成实时性、可视化报告。随着人工智能这一科技创新技术引入到会计、税务、审计等财务工作中，财务标准化、流程化的工作将不可避免地逐渐被机器替代。

（三）"移动互联网"扩展财务共享平台的使用方式

移动互联网最大的特点是它是移动和互联网的融合，所以拥有随时、随地、分享、开放、互动的优势。借助于移动互联网，财务共享平台的使用形式不再局限于以往的终端设备，用户可以借助移动终端进入财务共享平台，同时扩展了财务共享平台的移动功能，主要有以下几方面。

1. 移动审批

移动审批就是在移动端可以使用费用控制和审批功能，一般是通过APP登录，部门领导可以按照相关权限实时看到需要审批的信息，并及时进行处理，大大提升了处理效率。

2. 移动决策支持

通过移动平台，将企业实时的决策指标和报表信息进行展示，使企业各级部门主管能够进行及时的决策支持。

3. 移动运营管理

除了企业的主管之外，企业的各位员工可以在移动终端查看自己的考勤、工资、绩效等情况；并可以在线办理请假、申请等业务。

4. 移动商旅及保障

企业的商旅系统和费用控制系统都可以在移动终端使用。在移动端可以订机票。

（四）"云计算"推动财务共享平台虚拟化发展

云计算的计算模式的基础是互联网和虚拟技术，通过高效组合大规模性能一般、价格不贵的计算节点，从而形成了大规模的并行处理环境。云计算的最大优势和特点就是可以实现软、硬件资源的共享，云存储中心储存所有资源，为企业用户提供的是强大的数据存储和处理服务。所以企业在构建自己的财务共享服务平台时，不需要购买大型服务器，可以采用云计算技术，替代本地计算机或远程服务来取得存储空间和计算能力。这样，企业可以按需访问并使用云计算资源，使信息处理成本大大降低的同时，提高使用灵活性和使用效率。

云服务的基本类型有三类：基础设施服务；平台服务；软件服务。基础设施服务指互联网提供最基本的计算资源，用户需要购买并部署自己的软件系统，对于财务共享平台来说，主要包括互联网资源、服务器资源、财务应用软件资源、财务数据库资源、计算机算法资源等。平台服务指平台主要用来供用户租用，除一些硬件资源外，包括操作系统、编程环境、数据库等，对于财务共享云平台，主要包括财务软件开发平台、数据分析平台和数据安全保障平台。软件服务则是最普遍的服务形式，它提供的是可供用户直接使用的软件，用户购买后，连上互联网即可使用。

依托云计算技术，财务共享平台的虚拟化特征和优势十分明显。财务共享平台可以建立在"云"端，用户通过互联网就可以获取云服务，云计算的资源动态分配、按流量计费等特征大大减少了本地的数据储存和处理量。财务共享服务模式逐步向云服务模式转变，进一步提升了财务共享平台所带来的降低企业财务处理成本的效果，并且大大提高了资源利用效率。同时，云计算技术与财务共享平台的结合，大大促进了其商业化的进程。

第二节　企业财务共享服务平台的价值与问题

一、我国企业财务共享平台运行的经验成效

财务共享在我国已有十多年发展历史，我国许多企业都建立了自己的财务共享平台，并且通过一段时间的运行，取得了一些成效和有价值的经验，其经验可以为其他准备建立财务共享平台的企业所参考。具体来说，主要有以下几个方面。

第一，在建立企业自己的财务共享平台时，可以参考一些成功企业的经验。但最重要的是要按照企业实际和自身特点，包括观念、组织、人员、流程、系统等方面。在整体评估的基础上，建立适合企业的共享流程。

第二，影响企业财务共享实施的因素包括战略规划、信息系统、流程管理、组织结构、绩效管理、人员管理等，企业在建立和实施财务共享的过程中要注重多方面因素的共同作用。而在"大智移云"背景下，要特别注意财务信息化系统的建立和运行，该系统能

够支持财务共享的顺利实施。

第三，各大企业的财务共享系统的升级发展都参与到积极应用云计算、大数据、移动互联网的过程中。所以，对所有企业而言，都应该积极把握并顺应这一趋势，建立自己的财务共享系统。

财务共享系统在我国企业中的建立和发展取得了突出成效，主要体现在：财务实现专业化分工，流程更加标准，实现流水线式作业；企业财务处理成本和运营成本明显降低；集团企业的整体风险管控能力提升；企业财务风险不断降低；服务质量和客户满意度不断提升。

二、财务共享平台的主要价值

从理论分析和案例分析中，我们发现财务共享平台的运行和发展为企业节约了大量成本。但企业财务共享平台的突出成效体现在它不仅为企业带来了财务管理理念的创新，同时促进了整个企业管理模式的改变，为企业创造了巨大价值。这些价值主要体现在以下几个方面，接下来进行具体分析。

（一）企业成本和效率的显著改变

从案例分析和具体实践中可以看出，关于财务共享平台实施所带给企业的价值中，最突出的就是企业成本和效率的显著改变。在企业成本方面，财务共享平台的标准化处理流程形成了规模经济效应使财务处理成本大大降低，同时需要的财务人员数量减少，降低了人力需求成本。在效率方面，每项财务业务的处理时间大大降低，财务处理效率得到了提升。

（二）财务管理理念和模式的创新

"大智移云"时代，各种信息技术不断创新和发展。各大企业也抓住这一机遇，站在企业整体战略规划的高度上，建立企业财务共享平台，积极促进"互联网+"财务的发展。而在企业财务共享平台的发展为企业带来的价值中，很重要的一点是带来了财务管理理念的不断创新。企业财务共享平台的建立和发展充分应用了互联网思维和平台思维。

在企业传统财务管理中，对于整个集团企业而言，财务处理工作是先由各个分、子公司单独完成，最后再汇总到集团公司进行财务管理工作，整个过程成本高且效率低下。其财务处理过程经历了由手工记账到电算化的转变。在"大智移云"时代，企业转变财务管理理念，通过建立财务共享平台并发挥其优势，将各个分、子公司的大量的财务业务、数据、信息汇集到财务共享平台进行集中处理，实现了规模经济效应，充分发挥了资源整合和优化配置的作用，这也是"互联网+"在财务管理领域应用的充分体现。同时，大智移云使企业更加注重管理会计的发展，管理会计除了基础的财务处理业务，由于财务共享平台使大量财务人员从繁琐的财务处理工作中解放出来，从而可以专注于管理会计等财务管理的核心工作。一方面是财务人员可以有精力集中在管理会计工作上，另一方面是财务共享平台的建立也为管理会计工作的进行提供了有力支撑。企业管理会计从数据收集、储存到数据处理，都需要借助财务共享平台和云计算、大数据等信息工具。财务共享平台的发展也使企业的财务管理更加注重服务化，企业的财务共享系统本身是一个半独立机构，企业的各个分、子公司和员工都成了它的客户，并且要求所有员工都参与到企业的财务管理工作中，所以通过财务共享平台的建立，企业整体服务效率和质量在不断提升。

伴随着企业财务管理理念的创新，企业的财务管理模式也实现了改变。在"互联网+"财务下催生出来的创新财务管理模式，就是充分应用财务共享平台这一工具来进行企业所有的财务管理工作。通过财务共享平台来完成企业的财务管理工作。财务管理模式随着信息技术的发展不断改变，在这个过程中财务管理理念也会不断创新。

（三）企业管理模式创新

在企业传统的管理理念和管理模式中，认为企业管理工作与财务管理工作是分离的，企业管理工作不包括财务管理工作。财务管理工作仅仅需要发挥其记账、总账、形成报表的功能。而这些是财务管理的基本职能，其核心还是应该充分发挥财务管理和管理会计的作用，为企业运营、管理、决策提供信息，促进企业运营管理能力的提升和决策效率的提高。财务共享平台的建立使企业财务管理模式发生改变的同时，也使企业管理模式发生了改变。

财务共享平台的构建和运用使企业管理上升到一个新的高度。财务共享是一种以企业价值流、资金流、现金流、资本流、信息流为核心的企业内部管理制度，企业财务管理工作就是通过应用财务共享平台来实现的，企业的财务管理工作是企业管理的核心问题。企业管理模式创新不仅是使企业的财务管理工作的地位、功能、效益得到了提升，更重要的是企业的管理模式得到了更有利的支撑，并且明确了进一步发展和改革的具体方向。

企业财务共享平台的建立带来了企业的管理创新，而企业管理创新的发展又进一步推动了财务共享平台的改进和发展，二者相互影响，共同促进。同时，伴随着财务共享平台促进企业管理模式的创新，企业的商业模式和盈利模式也会逐步发生变化。

三、我国企业财务共享平台的发展

（一）使"互联网+"财务和"互联网+"企业运营管理有效融合

这一个问题是企业财务共享平台发展过程中需要解决的一个重要问题。目前，财务共享平台已经充分发挥了其价值守护的作用，企业的财务工作借助财务共享平台的建设和发展，成本大幅度降低，财务处理效率也不断提高，客户满意度也在不断提升。但是，在价值创造方面，财务共享平台建立的根本目的还是要充分发挥管理会计的作用，财务人员和管理人员通过理性的分析和判断，为企业运营、管理、决策提供信息，促进企业运营管理能力的提升和决策效率的提高。

特别是在"大智移云"时代下，更应该充分利用各种信息化技术实现管理会计信息化，应更加关注不同业务类型和数据的收集、分析。但是从分析研究和实地调研中发现，目前财务共享服务的突出效果还是集中在降低财务处理成本方面，所以，发挥财务共享平台的作用，实现企业"互联网+"财务和"互联网+"企业运营管理，成为财务共享平台进一步发展过程中需要解决的一个重要问题。

（二）财务共享平台和服务标准化、通用化、共享化

"互联网+财务"的核心问题是如何将财务共享平台和服务模式标准化、通用化、共享化。目前我国已经有许多大中型企业构建了自己的财务共享平台，并积累了很多有益经验，各个企业在构建财务共享平台时都紧密结合了自己企业的具体实际和业务特征。所以，从众多财务共享平台构建的方法和经验中，总结"大智移云"背景下企业财务共享平台构建的普遍方法和构建框架，被更多的企业所借鉴和参考，对于在我国更多的企业中推广和发展财务共享具有重要意义。

（三）使供应链会计信息共享

在企业众多管理方式中，供应链管理是有效管理方式之一。供应链由供应商、制造商、仓库、配送中心、渠道商等多方构成。在市场和企业竞争日益激烈的今天，企业与企业之间的边界逐渐模糊，供应链的竞争也替代了企业之间的竞争。作为企业的管理者，在注重整合企业内部资源和加强管控的同时，应该注重外部环境对企业的影响，关注供应链上各个企业的资源整合和相互配合。从整个供应链角度出发整合信息，不仅可以进一步实现成本控制，还可以提升整个价值链的竞争能力。目前财务共享的问题研究和具体实践仅

限于单个企业内部，对于供应链财务共享平台建立和会计信息共享问题却少有研究，在实践中也很少有企业具体实施。但供应链企业财务信息共享问题的研究，可以有效促进供应链企业之间的信息交流和互换，为企业提供有效决策信息，优化决策效率，提升整个供应链企业的竞争力。

以大数据、人工智能、移动互联网和云计算为代表的新兴技术将成为财务管理模式创新的推动力。大数据技术的发展，使财务共享服务系统成为企业数据中心，财务共享服务系统可以对大量碎片化的数据进行有效管理，适时进行收集、整理、分析及报告，满足企业财务监控、投资者关系、财务规划以及战略决策的需要。人工智能作为现代科技飞速发展的产物，随着企业的发展而发展，财务管理将会产生大量数据信息，将人工智能合理运用到财务管理中，将会促进财务共享服务系统更好更快发展。依托云计算技术，财务共享服务更加"云化"，朝着"云服务""云平台"以及全球业务服务模式发展。同时，借助移动互联网的发展，财务共享服务系统已实现随时随地办公。财务共享服务发展至今，乃至未来，移动互联网、云计算、大数据和人工智能这些技术势必将推动财务共享服务的改革创新，为企业创造更大价值。

第三节　财务共享服务模式创新

一、基于大数据的财务共享服务

（一）大智移云时代下财务职能的重新定位

大智移云时代到来之前，财务共享服务的财务职能主要体现在价值保持方面，即会计核算、资金结算、应收应付管理、税务管理、报表编制等基础会计工作。大智移云时代，大数据提供的数据基础成为企业新发明与新服务的源泉，财务共享服务系统成为企业的资源池，企业通过大数据挖掘技术能够获得和使用全面、完整和系统化数据，获得商机。财务共享服务系统的工作人员利用大数据获取的数据信息，进行数据分析，为企业管理层提供公司运营、预算管理、业绩分析、风险管控等方面的决策支持，实现财务共享服务系统财务职能由财务会计职能向管理会计职能转变，在做好价值保持的同时实现价值创造，提升财务共享服务的工作价值。大智移云时代，财务共享服务系统衍生出数据中心的职能，由原来的报账中心、费用中心、结算中心发展出数据中心，使提供决策支持成为可能。大智移云时代的开启为财务职能做好价值保持的同时也为实现价值创造提供了条件，也提出了挑战。

（二）大智移云时代下财务共享服务业务流程管理

财务共享服务系统的所有业务都需要流程来驱动，组织、人员都是靠流程来实现协同运作的，流程的标准化和统一性是财务共享服务的核心。按照流程的功效，可以将财务共享服务整体流程分为三大类：管理流程、核心流程及支持流程。其中核心流程实现财务共享服务系统的营运功能，构成核心业务并创造基本价值。例如：应收管理、应付管理、资金管理等。

财务共享服务系统的一个典型流程是应收流程。应收流程用来解决企业与客户之间的财务关联。应收流程的核心业务包括订单及合同管理、开票及收入确认、收款及票据管理、对账反馈和内部控制几个业务环节。在整个业务流程中，从订单、销售到收款皆与客户有关。在应收流程中，分析客户付款行为、评估客户信用等级、洞察客户信用风险以及预测信用额度对销售收入的影响，对企业的可持续发展起着举足轻重的作用。在大智移云时代下，企业集团财务共享服务系统可以利用数据优势，在大数据的海洋中搜索客户的相关资料，对客户企业的信用等级进行评估，对客户企业的付款行为进行分析，对客户企业的信用风险进行评估，使原本复杂的工作变得简单化，大大提高财务共享服务系统的业务处理能力。

二、人工智能环境下的财务共享服务

人工智能技术是现阶段世界上顶级高新技术之一，深受不同国家关注。人工智能技术应用非常广泛，人工智能技术在金融、医疗、制造等诸多领域都已开始了模式清晰的应用落地。在财务领域也不例外。人工智能相继被引入管理会计、审计等领域。随着人工智能在财务领域应用的日益深入，其势必会对未来财务变革产生深远影响。

（一）基于业财融合的智能财务共享平台

由于受到技术与业务模式的限制，在传统财务管理模式下，大多数企业的财务与业务是相互隔离的。企业的会计工作存在大量的人工审核合同、订单、发票等简单重复劳动，尽管财务共享服务的出现将企业重复性高、易于标准化的业务集中到财务共享服务系统进行集中处理，大大提高了企业业务处理效率，但财务共享服务系统只能作为传统财务管理的加速器，本质上并没有消除不增值的会计处理环节。企业智能财务共享平台，是现代企业财务体系"拥抱"智能化、互联网、云计算等技术的有力探索。基于智能财务共享平台，企业可以搭建云端企业商城，利用电商化平台实现与供应商、客户之间进行无缝连接，并借助发票电子化打通税务数据与交易的关联，回归以交易管理为核心的企业运营本质，对员工日常消费及大宗原材料采购实行在线下单、支付，企业统一对账结算，从而实现了交易透明化、流程自动化、数据真实化。

（二）基于人工智能的智能财务共享平台

随着人工智能的深度发展，智能机器人应用到金融、医疗、家政、制造等多个领域。在企业的财务管理中应用财务智能机器人也将是一种趋势，财务智能机器人凭借其强大的反应能力、快速计算能力以及深度学习能力，它完全能够像人类一样进行自主信息收集，对信息进行加工处理，输出企业信息使用者需要的财务信息，并代替企业财务管理者做出经营预测和决策。经营预测是企业不可或缺的重要环节，它主要是通过对上一阶段整个企业的财务状况进行总结并且对下一阶段的企业财务管理做出一个规划，这对于各个企业来说都有着重要的意义。在传统的企业经营预测中，都是通过人工录入的信息数据作为基本依据去进行总结的，这在某种角度上来说存在着很大程度上的不稳定性，同时数据信息的精准性也有待考量。当人工智能在企业财务管理中注入了新鲜的血液时，企业的经营预测便开启了新篇章，财务职能机器人可以从多种角度对企业信息数据进行收集，并且可以从企业的收入、支出成本、综合经营利润以及已经出现的一些企业负债等各个角度进行分析和预测，这是我们传统企业的经营预测所无法做到的。人工智能势必将促进企业管理会计的进一步发展。

三、移动互联网趋势下的财务共享服务

（一）移动互联网下的业务审批移动化

移动互联网应用到财务共享服务中是一种必然的趋势。随着互联网客户端的盛行，网络条件不断改善，财务共享服务的费控系统中的移动在线审批将会日趋流行，信息内容日

益丰富。财务共享服务的目的就是跨越地域、跨越时间的限制，加强企业集团对各业务单位进行控制，实现财务业务一体化。移动互联网的发展为财务共享服务的创新发展创造了条件。企业将费控系统中的审批环节迁移到移动端，使领导在进行业务审批时不再受到时间和地域的限制。

以应付流程为例，应付账款通常涉及企业的采购业务，企业需要采购物资，首先是物资使用部门根据本部门实际物资需求情况，制订请购单，由请购部门经理审批签字；其次交由采购部门，由采购部门经理审批签字；再次交由企业总经理审批签字；最后采购员根据审批后的采购单进行物资采购。采购完成，涉及账款支付，需要财务经理审批签字。这一系列过程看似有条不紊地进行，实则需要耗费大量的时间和人力。集团公司旗下拥有许多跨区域的分、子机构，比较分散，进而使业务审批成了企业集团业务人员遇到的一大难题。财务共享服务的费控系统在一定程度上解决了这一难题，随着移动互联网的发展与APP应用的兴起，企业集团可以建立独立的APP应用，当业务人员提出审批请求之后，APP语音自动提醒业务领导进行审批业务，业务领导可以不再受到时间、地域的限制随时、随地进行业务审批，业务人员不再为领导审批签字忙得焦头烂额，从而节约了业务人员大量的时间，使业务人员投入到企业更有价值的业务活动中，为企业创造更大的经济效益。

（二）移动互联网下的费用管理移动化

财务共享服务的商旅系统和费控系统的建立与运用，大大解决了企业员工商旅报账难、报账慢的现象。伴随移动互联网的推进，将移动互联网与商旅系统、费控系统相结合，使商旅管理、报销管理更加智能化、移动化，将会是财务共享服务费用管理未来发展的趋势。

目前，市场上大量涌现出费用报销系统，企业可以采用外购和自行构建两种方式建立商旅费用报销系统。企业员工根据要求在移动端下载企业商旅费用报销系统APP，员工可以通过工作证号码注册登录进入APP，完善个人基本信息，员工根据自身需要设置费用类型、语言、币种等。业务人员可以在移动端APP上随时随地进行机票、酒店等事前申请，由业务领导在APP上进行审批和商旅管理，业务人员根据行程随时随地记录账单、拍摄原始票据上传系统，财务主管根据业务人员上传信息进行报账处理，利用网络支付技术，实现业务人员商旅费用报销即报即得，提高企业员工满意度。与此同时，企业高管也可以通过移动商旅报销系统对业务人员从费用发生到最终报销的各个环节进行全程管控，使企业拥有更完整的视角，所有的费用记录及交易流程变得更加透明化、可视化。

（三）移动互联网下运营管理的移动化

随着移动互联网的发展，财务共享服务的运营管理体系迁移到移动端。就目标管理而言，财务共享服务系统将其确立的目标清楚明了地展示在员工的移动端，员工可以随时随地进行阅览，还可以在移动端建立论坛进行交流。就绩效管理而言，绩效管理强调组织目标与个人目标的一致性，强调组织和个人同步成长，形成"多赢"局面，财务共享服务系统对员工绩效的考核，员工能通过手机、ipad等移动端查看。就人员管理而言，财务共享服务系统的运营管理体系移植到移动端，企业员工可以通过移动端进行在线学习，公司可以在移动端对员工进行培训，并且在移动端制订测试卷，定期对财务共享服务系统的员工进行知识测评，系统自动评估分数，员工根据自身情况进行查漏补缺，提高财务共享服务系统人员的知识水平。企业财务共享服务系统通过移动渠道对内外部客户提供服务，一方面促进企业经济效益的增长，另一方面也促进财务共享服务在我国的发展，使越来越多的中小企业都能够建立财务共享服务系统。

四、基于云计算的财务共享服务

（一）基于云计算的财务共享服务建设原则

社会在进步，科技在发展，为了改善财务管理工作，降低财务管理成本，适应企业的发展要求，不断有企业踏上探索云计算的财务共享服务的道路，云计算的财务共享服务最终将成为企业运作中重要的战略者。因此，企业集团在建立云计算的财务共享服务系统时，必须严格遵循一定的原则。

（二）基于云计算的财务共享服务架构

基于云计算的财务共享服务架构包括云端和客户端两个部分，每个部分包括不同的层次。

在云端，云计算服务器由下往上依次顺序为网络服务层、数据管理层、应用支撑层、应用层。其中，网络服务层主要提供网址、邮件、认证等服务；数据管理层主要对元数据、基础数据、业务数据和决策数据进行分类存储；应用支撑层主要向财务共享服务系统提供网站管理、权限管理、统计分析等服务；应用层主要为客户提供报账、集中核算、集中支付等财务共享服务功能模块的服务。

在客户端，依托云计算的财务共享服务，客户不需要了解财务共享服务系统的具体流程，只需要根据自身需要通过台式电脑、笔记本、手机等设备输入自己的请求，财务共享服务系统就可以利用云端服务为客户提供服务。

（三）基于云计算的财务共享服务业务流程管理

依据"云"的思维，结合先进信息系统，财务共享服务系统的业务人员将采集到的业务数据上传至云端，由云端充分发挥云存储功能对业务数据进行储存，需要审核的原始单据将会具体细分为各个要素，财务共享服务系统对被细分的要素进行审核、加工、组合，最后自动完成凭证和报表等产品的输出。基于云计算的财务共享服务的整体运作流程具体可分为三类，分别为云采集、云处理、云产品。

1. 云采集

为获取真实反映经济业务具体特征的数据信息，财务云必须对集团内部的经济业务发生时的各类数据进行采集。借助先进的技术手段，将各类数据上传到云端，根据被上传的数据信息，财务共享服务系统的业务人员根据单据的业务类型进行分类，并在此基础上进行必要的提取与审核。最后业务人员将采集到的数据信息进行标准化、结构化处理，利用云储存将处理后的数据储存在云端，为后续的数据分析和挖掘工作提供便利。

2. 云处理

云处理指对各项经济业务数据进行分类、筛选、存储和传递。为确保数据能及时、准确、完整地被处理和加工，减少人工干预，实现财务管理自动化，在实际工作中，需要对云处理的处理动作、处理机构和处理环境进行合理安排。企业集团应充分利用虚拟化、提供数据挖掘服务的云计算和无限资源的云存储，同时借助互联网云端备份的数据保全服务和采用加密技术、防火墙等云安全策略，在云中建立财务业务信息系统，该系统理应涵盖公司各个经营管理环节，且各系统之间数据标准统一、门户统一、信息统一，数据交换通畅。

3. 云产品

通过云平台进行云处理之后，财务共享服务系统会输出供用户选择的云产品。财务云会自动输出满足公司资金支付结算、应收应付核算等日常会计核算需求的会计凭证、单据及简单会计报表等简单会计产品；满足公司内部经营管理和外部监管要求的个别财务报表和合并财务报表等复杂会计产品；为公司提供财务业务指标及其动因分析，数据分析和数据挖掘等综合类产品。

（四）基于云计算财务共享服务的商业化

财务共享服务系统是一个独立的经营体，能够独立为集团内外部客户提供财务共享服务。云计算技术的发展，促进了财务共享服务系统的价值创造。近几年，财务信息系统比较完善的企业不断探索将云计算应用于财务共享服务系统，通过向作业团队配置虚拟客户端的方式，大大减少前台IT技术的投入。市场上将会出现第三方商业化服务平台这种新的商业模式，在商业化服务平台上匹配发包方和接包方，并实现系统的交互支持。在这种模式下，发包企业根据自身需要，可以独立选择一个或多个财务共享服务供应商为自己提供服务，而接包方可以通过平台，向多个企业客户提供财务服务。由此，财务共享服务供应商为了争取更多客户，会加快对财务共享服务探索的步伐，顺应时代，积极发明并利用新技术，提高自身服务质量。同时客户也可以在商业化平台上选择物美价廉的财务服务产品。云计算大幅度地推进财务共享服务领域的商业化，使中小企业财务共享服务成为可能。中小企业本身经济实力不强，而建设财务共享服务系统需要投入大量资金。仅在IT方面，购买软、硬件，进行产品实施、部署网络等就需要很大的投入，使很多中小企业对于实施财务共享服务有所顾虑，而云服务模式下，传统的客户与服务提供商转变为客户、云服务提供商、资源整合者。云服务提供商通过服务端向企业财务共享服务系统提供在线云系统支持，使得中小企业通过租用的方式实现财务共享服务，从而推动我国财务共享服务的进一步发展。

五、推进财务共享服务创新的配套策略

（一）强化企业高管意识，建立员工管理机制

财务共享服务的改革创新离不开企业高管和员工的共同努力，高管是财务共享服务发展的主心骨，高级管理层必须与时俱进，始终保持思维模式的先进性，善于借助先进科学技术，促进财务共享服务的发展。员工在财务共享服务的发展中起着不可忽略的作用，员工的工作态度、文化差异管理以及数据分析能力都给财务共享服务的发展提出了挑战。

首先，加强对员工的培训，为员工创造不断学习的机会，更新员工的知识体系；加强员工岗位管理，建立岗位轮换制度以减少员工的懈怠感，建立岗位绩效考核制度，对员工绩效进行考核，奖惩分明，提高员工的工作热情。

其次，实施财务共享服务的企业大多为规模较大的跨国公司，财务共享服务系统的财务人员在处理业务过程中，不得不处理包括小语种的业务，因此，是否拥有同时掌握中英文及其他小语种的员工可能是其发展的一大挑战。为解决这个问题，企业集团应该提高人才招聘的要求，招聘掌握多种语言的全能型人才，或者对已有员工进行专业知识外语培训，企业集团也可以为财务共享服务系统配置外语翻译人员。

最后，"大智移云"时代财务共享服务对数据分析技术的要求比较高，财务共享服务系统每天需要接收海量的业务数据，并利用大数据分析、分布式处理等技术对数据进行分析，要把大量结构化和非结构化的数据转化为通俗易懂的有效信息，因此，企业集团要高度重视员工的数据分析能力，招聘数据分析师是最便捷的方式，但是会增加企业的成本，企业也可以加强对企业员工的培训，为企业培养实用人才。

（二）持续优化业务流程，推进财务业务一体化

依靠云计算技术，结合大数据和移动互联网的发展，财务共享服务发展成为"财务云"，在先进科学技术的推动下，财务共享服务系统应当加强集团业务流程再造，使集团财务共享服务系统与各业务单位的业务系统通过云平台建立协同互动的关系，使企业的财务会计工作的中心由原来的会计核算转移到财务分析及财务决策上。将集团的财务人员进行重新分配，负责财务决策的财务人员留在总部，而财务技能强，业务素质高的财务工作人员可以分配到分、子公司项目部，总体提高企业集团财务能力，为企业创造价值，推动财务职能的转型，顺应国家法律法规的要求。

（三）建立企业核心数据库，关注数据安全机制

云计算、大数据等技术为企业集团财务共享服务的发展提供技术支持，在财务职能转型的道路上起着举足轻重的作用，但是海量的数据存储在云服务器中，数据存储和数据传输的安全问题显得尤为重要。

首先，加强网络安全防护工作，积极应对外部网络的非法入侵。集团企业可以招聘网络安全方面的优秀人才为网络安全保驾护航，并且及时进行安全软件升级，不定时地进行网络杀毒，减少网络安全事件发生的概率。

其次，财务共享服务系统应对云平台的登陆者的权限和业务范围进行严格的限制，并进行用户的授权与认证，确保不同身份的用户在云服务器中的操作范围是不同的。

最后，财务共享服务系统对不同的数据采用不同的加密方式，使财务数据信息从物理层上进行隔离。随着共享服务外包业务的不断发展，企业还要将自身使用的和对外租用的服务器存放在不同的机柜，将企业自身的云服务和外部企业的云服务划分在不同的网络区域，确保对各自数据进行有规则的管理，避免因粗心大意而带来的损失。

（四）建立健全法律法规，推动云服务发展

云计算可以促进财务共享服务的商业化，因此要鼓励政府干预，建立完善的法律法

规，严格审核财务云服务供应商的从业资格，其应当具备良好的信用和精湛的业务技术，保证数据库的安全，让中小企业能够放心使用。同时理应建立第三方商业平台监督机制，保证信息安全的同时也要提升其公允性，按期审核财务云服务提供商的服务资格，一旦出现问题必须及时更正，确保出包方的合法权益。

六、企业财务共享平台优化改进

（一）优化和改进的总体目标

优化财务共享平台总体目标是希望通过平台的改进，使这一创新管理方法能够更加适应企业发展的需要，早日实现由财务会计信息化向管理会计信息化的转变，扩展支持企业运营的广度和深度，影响企业业务决策，为企业创造价值。

（二）充分利用"大智移云"工具，在财务共享服务下发挥管理会计功效

1.财务共享服务推动企业管理会计信息化发展

管理会计是企业会计和管理职能的有效结合，其通过收集和利用企业会计工作中的相关信息和数据，运用一些科学方法，为企业的预算、预测、控制和决策提供信息。随着信息技术的迅速发展，管理会计与其进行了融合，从而形成了管理会计信息化。管理会计信息化指管理会计与信息化的结合，管理会计充分利用互联网、云计算、大数据等工具，在会计信息获取、存储的基础上，进行分析和处理，为企业的运营管理和决策提供支持。

财务共享平台的快速发展推动了管理会计的发展。财务共享在实现财务业务处理流程标准化的同时，把一大批财务人员从繁琐的财务基础处理工作中解放出来。这样，各个分、子公司的财务人员可以把精力集中到企业运营管理和决策上，发挥管理会计的作用，加快了管理会计职能的拓展，也提升了整个企业的管理会计水平。

2.借助"大智移云"技术和财务共享平台，发挥管理会计功效

在企业的财务共享平台的基础上，充分利用"大智移云"技术，对财务共享平台进行改进和升级，主要目的是借助升级后的财务共享平台，支持管理会计的预算、预测、控制和决策作用的实现。

（1）通过"云计算"，构建财务共享"云平台"。传统的财务共享平台的主要弊端在于获取到价值高、容量大的财务数据的速度较慢，这也就影响了管理、分析数据和决策的进行。而云计算技术可以改变这一情况，依托其具有网络化服务、资源集中共享、可计

算、资源弹性伸缩等特征，可以使传统财务共享平台拥有高拓展性等特性，同时实现在同构计算节点能够互换等，并拥有超强的计算能力。

（2）借助"云平台"和"大数据"技术，实现管理会计决策职能。企业构建"云平台"，通过运行，将会采集、储存大量企业财务数据和业务数据，而这些数据在"大智移云"时代成为企业一项重要的无形资产。"云平台"成为实现管理会计决策的基础平台，"云平台"上收集和储存的大量财务数据和非财务数据，在抽取和转换之后，财务决策需要运用"大数据"发现这些信息之间的相关性，并挖掘出这些数据的价值，为企业的运营、管理等相关科学决策提供支持。财务分析决策的具体流程如下。

首先，企业的"云平台"会获取、抽取并存储大量的数据，这些数据主要来自企业的内外部单位，主要包括企业本身、工商部门、税务部门、财政部门、银行、会计师事务所等，企业的内外部单位会产生大量的结构化数据、半结构化数据和非结构化数据。"云平台"通过互联网、物联网、移动互联网、社会化网络等方式获取这些数据，并存储在企业的云平台上。

其次，企业"云平台"储存的这些数据，通过大数据技术处理之后，按照不同部门形成不相同的分析结果，主要有会计信息、纳税监管信息、财务信息、审计信息和其他信息，然后对这些信息进行分类处理和汇总，形成企业不同种类的决策意见，主要有以下几种：预算管理决策、筹资投资决策、收入定价决策、费用成本决策、资金管理决策、税收筹划决策等。

企业借助"云计算"构建企业云平台，通过"大数据"等技术，为决策提供支持。企业"大智移云"财务共享平台的升级大大提升了整个企业的核心竞争力。

（三）构建供应链财务共享平台

供应链财务共享平台是企业财务共享平台的拓展。除了企业内部的财务共享之外，整个供应链上的企业可以按照一定的约定，在自己企业的云平台之外，借助信息技术，构建供应链财务共享平台。

1. 供应链企业间构建财务共享平台的必要性

首先，供应链财务共享平台的构建可以使各成员企业成本降低，并能够在整个供应链上实现成本管理。各成员企业可以按照事前约定共享内容、共享时间、共享权限等。供应商上传了自己的成本费用信息之后，制造商可以查看这些信息，同时销售商也可以查看供应商上传的成本费用信息。对于整个供应链上的企业而言，知晓其他企业的成本费用信息可以开展成本调查和辅助企业间成本管理，从而可以促进整个供应链上企业的成本降低，实现共赢。

其次，能够帮助企业合理安排生产，降低库存和资金占用，提升资金使用效率。供应链上的各个企业将自己的库存、销售等信息按照约定上传中央数据库，上下游企业可以查看相关信息。对于上游企业，在查看下游信息之后，就可以合理安排生产，降低库存和资金占用，同时也能够提升资金使用效率。

最后，财务信息共享减少了企业间的交易成本，并能够提升企业间的相互信任度，促进整个供应链的企业合作和发展。

2. 供应链企业间财务共享的主要内容

对于单个企业而言，不是所有信息都能够进行共享的。所以，供应链企业在实现财务信息共享之前，应该共同签署协议，约定共享内容、共享权限、共享时间等条件，并要求各成员企业必须严格遵守，以维护企业间平衡。共享内容具体包括企业的生产信息、材料信息、成本费用信息、销售信息、财会信息、盈利信息等。但对于不同行业、不同规模的企业，共享内容可能会有所不同，应该根据具体需要进行调整。对于同意实施共享的企业，有权利查看其他企业的相关信息，也有义务按照约定共享自己企业的信息。各个成员企业在获得共享财务信息或者其他信息之后，可以协商，通力合作，做出有利于整个供应链企业发展的决策，使共享发挥真正价值。

3. 供应链企业财务共享平台框架

结合企业财务共享平台，构建供应链企业财务共享平台框架。在该平台构建中，需要在各成员企业间成立一个共享委员会，主要负责共享协议的商讨，包括确定共享权限、时间、内容等，同时能够制定数据标准、调控利益分配、监督成员企业。各成员企业在自己企业财务共享平台的基础上，按照约定将共享内容上传至中央数据库存储，并可以请求中央数据库返回自己所需要的其他企业的财务信息或其他信息。最后通过自身数据库进行数据读取并处理，从而进行信息使用。

（四）"大智移云"背景下搭建企业财务共享平台一般框架

"大智移云"背景下构建企业财务共享平台，对于企业进一步发展具有重要意义。下面将从财务共享平台构建的各个研究中，总结"大智移云"背景下企业财务共享平台构建的一般框架，可供更多企业的具体进行参考和借鉴。

1. 企业财务共享平台框架分析

企业财务共享平台是一个系统。我们可以把财务共享系统定义为由相互联系、相互作用的企业内部的ERP系统、组织内部系统，网络信息，以及企业人力、物力及时间资源等要素组成的具有一定结构和功能的有机整体。其连接了各部门的业务内容，目的是提高企业经营管理整体水平，形成信息化条件下的新型管理模式。

对于系统的分析，主要是从系统经营活动目标分析、系统外部环境分析及系统内部环境分析进行的。

（1）系统经营活动目标分析。经营活动目标是企业财务共享系统存在和服务的根本依据，是具有战略性作用的目标。该系统可以转化成各项具体的管理目标。企业财务共享系统的目标则是通过系统运行，得出系统性的结论，以支持企业的投资决策、预算决策、定价决策、生产决策、收入决策等，同时达到企业降库存、去成本、提高财务处理效率的目标。

（2）系统外部环境分析。财务共享系统的外部环境主要包括政治环境、政策环境、经济环境、市场环境、技术环境等。系统外部相关数据来源主要有相关企业、税务部门、工商部门、财政部门、银行、会计师事务所等利益相关者。正确和充分分析企业外部环境带来的影响，对于系统正常运行至关重要。

（3）系统内部环境分析。对系统内部环境的分析主要是从企业的生产作业流程、质量控制、财务处理工作、人力资源管理、固定资产管理等方面进行的，可使人、资金、设备、信息、技术等配置和利用达到最佳效果。

2. 财务应用共享中心平台

（1）会计处理平台。会计处理平台是企业财务应用共享中心的基础平台，财务共享服务就是一种将分散于各个业务单位，重复性高，易于标准化的财务业务进行流程再造与标准化，并集中到财务应用共享中心统一处理，达到降低成本、提升客户满意度、改进服务质量、提升业务处理效率目的的作业管理模式。

建立财务共享中心之后，集团企业建立统一标准，进行业务流程再造。会计处理平台对企业基础业务进行处理，主要包括以下几部分内容：应付账款处理；应收账款处理；固定资产管理；费用报销流程；资金管理；总账流程；财务报表编制；税务处理流程。

企业应根据自己的业务特点设置具体岗位和人员及会计处理流程。

（2）财务审批平台。在会计处理流程中，财务审批是不可缺少的一个环节。借助移动互联网、云平台的建设等，将财务审批环节迁到移动端，使业务领导的审批不再受地域的限制。一种方式是建立独立的APP应用，将信息相对简化地进行移动展示，这样业务领导就可以通过手机进行审批，另一种方式是通过移动设备的浏览器直接进行审批界面的访问。移动审批平台应具有相应的权限，不同级别的公司负责人只能看到相应权限的审批信息和其他信息，这就保障了信息的安全性。

以费用报销审批为例，分、子公司的业务领导需要审核报销人员提交费用报销的真实性、可靠性和准确性。基于云会计平台，分、子公司的业务领导可以不受时空限制，实现基于电子影像的领导审批。业务领导不再需要见到费用报销的票据等实物，只需通过手机等移动端接入移动互联网，就可以方便快捷地登录财务共享中心云会计平台，对分、子公司初审通过的票据的电子影像进行审批，其批量审批功能可以提高审批的效率。

（3）资金管理平台。货币资金是一个企业的命脉，流动性最高、风险控制要求极高。企业经营和管理的各个环节都需要资金支持，但随着竞争日益加剧和财务流程的日益复杂，企业财务风险也不断增大。借助"大智移云"等信息技术，建立企业财务共享平台，以及集团企业统一的资金管理平台，可以对货币资金业务实施有效控制。

所以在企业实现财务共享时，应该在财务共享平台中建立一个资金管理平台，其主要发挥资金收付、集中管理、统一支付和风险管理的作用。

第一，通过银企互联系统进行集中支付。这是主要实现"支付工厂"作用，企业银企互联系统使企业与第三方支付公司直接对接，当集团或者分、子公司发生支付业务时，它可以进行高效、快捷的支付；同时，系统可以清楚记录每一笔支付记录，财务人员和管理人员可以对每一笔资金流向进行准确把控。这就加强了对资金的监管，同时使资金使用执行更加清楚、透明。

第二，作为整个企业的资金池，集中管理集团企业所有银行账户和资金，按照需求合理调配资金，降低资金沉淀，提高资金使用效率，并保证资金安全。

第三，能够整合企业资源，进行资金的集中收付，同时整合银行资源。

第四，通过对资金的集中管理，对资金风险通过信息系统进行实时监控，并可以进行风险预测，有效降低资金风险。

（4）财务分析平台。企业财务共享平台会获取大量来自内外部的数据，包括结构化数据、半结构化数据等。通过大数据技术，进行数据分析和决策，可为企业形成不同种类的决策信息：预算管理决策信息、筹资投资决策信息、收入定价决策信息、费用成本决策信息、资金管理决策信息、税收筹划决策信息等。充分利用"大智移云"信息技术，发挥管理会计功效，为企业决策提供支持。

3.财务信息共享平台

企业财务共享系统除了上述的财务应用共享中心平台，还有就是财务信息共享中心平台，这个平台主要包括企业的产品服务平台、资源整合平台、供应链共享平台、专业理论平台。这个平台的应用范围不再局限于企业内部，实现了企业与供应商、企业与客户、企业与企业、企业与行业的信息共享和交流。同时通过这个平台实现了资源整合、供应链共享以及专业理论的交流。

（1）产品服务平台。不同的企业可以在产品服务平台上，进行产品信息的共享和交换，包括不同地区和地域的土地租金、房屋租金、原材料价格、人力资源价格、产品创新等信息，在企业间形成产品信息共享平台，满足不同企业的产品信息需求，当然在实现产品和服务信息共享时首先需要考虑的就是成本收益问题。

（2）资源整合平台。财务共享平台不仅可以实现会计处理，还可以通过互联网来整合资源，这也是企业财务职能转型过程中需要关注的重点。目前，资源整合的理念已经开始向网式整合发展。即以消费者需求为核心，实现供应商、生产商、技术开发商、销售商和品牌商的合作和资源整合。实现资源整合、竞争合作、协同共生，是企业发展的一个新态势，可以为企业股东创造新的价值。

在企业财务信息共享平台的建设过程中，应该努力构建资源整合平台，拓展财务管理边界，并由单个企业拓展延伸到整个价值链甚至生态网络。以资源整合为契机，构建价值链财务、生态网络财务，实现企业协作，共担风险并创造价值。

（3）供应链共享平台。借助企业财务共享平台构建整个供应链信息共享平台，是单个企业在日益激烈的市场竞争中的必然选择。供应链信息共享不仅包括财务信息共享还包括企业的其他业务信息共享，建立以核心企业为中心，与上游供应商及下游消费者等企业的信息共享平台。在共享平台实际建立和操作过程中，要特别注意共享范围的界定这一问题，也特别要注意企业商业机密泄露的问题。这些问题可以通过建立共享企业准入机制、审慎选择进入者、明晰共享后的产权归属等方式来解决。

（4）专业理论平台。"大智移云"等信息化技术和企业财务共享的发展，加快了企业会计信息化进程。但同时使传统会计理论受到了冲击，对传统会计假设、确认、计量、报告、披露等内容都产生影响。传统会计制度不再适应会计信息化快速发展的需求。在新背景下，可以建立会计专业理论交流平台，供企业专业财务及管理人员进行探讨和交流，促进传统会计理论的改革，从而能更好地指导实践。

参考文献

[1] 蔡建平，潘瑞瑞.大智移云时代财会队伍角色转换与能力应对研究[M].南京：南京东南大学出版社，2021.

[2] 柴慈蕊，赵娴静.财务共享服务下管理会计信息化研究[M].长春：吉林人民出版社，2022.

[3] 董艳丽.新时代背景下的财务管理研究[M].长春：吉林人民出版社，2019.

[4] 郭赞伟，丁祎.企业财务管理的信息化建设研究[M].北京：北京工业大学出版社，2019.

[5] 韩吉茂，王琦，渠万焱.现代财务分析与会计信息化研究[M].长春：吉林人民出版社，2019.

[6] 胡娜.现代企业财务管理与金融创新研究[M].长春：吉林人民出版社有限责任公司，2020.

[7] 李茜，陈晓荣，李玲玲.财务信息化管理与审计学研究[M].北京：中国商业出版社，2021.

[8] 刘根霞.大智移云背景下的财务创新[M].北京：北京工业大学出版社，2021.

[9] 刘赛，刘小海.智能时代财务管理转型研究[M].长春：吉林人民出版社，2020.

[10] 罗进.新经济环境下企业财务管理实务研究[M].北京：中国商业出版社，2019.

[11] 沙亦鹏，叶明海，王伟榕.万众创新时代下的企业创新与财务管理[M].上海：同济大学出版社，2019.

[12] 沈辉，朱珊.信息化环境下财务会计与管理会计研究[M].延吉：延边大学出版社有限责任公司，2022.

[13] 唐德菊，夏志娜，李颖.大数据财务管理与审计信息化研究[M].长春：吉林出版集团股份有限公司，2020.

[14] 王崇叶.财务管理与会计信息化创新研究[M].北京：中国纺织出版社，2020.

[15] 王晓丽，孟秀蕊.大数据时代预算管理理论与创新实践研究[M].长春：吉林人民出版社，2021.

[16] 吴践志，刘勤.智能财务及其建设研究[M].上海：立信会计出版社，2020.

[17] 吴朋涛，王子烨，王周.会计教育与财务管理[M].长春：吉林人民出版社，2019.

[18] 武建平，王坤，孙翠洁.企业运营与财务管理研究[M].长春：吉林人民出版社，2019.

[19] 徐燕.财务数字化建设助力企业价值提升[M].广州：华南理工大学出版社，2021.

[20] 余红叶，张坚，叶淞文.财务管理与审计[M].长春：吉林人民出版社，2019.

[21] 张明明.中国特色管理会计在浙江的创新与实践[M].沈阳：东北财经大学出版社，2020.

[22] 张书玲，肖顺松.现代财务管理与审计[M].天津：天津科学技术出版社，2020.

[23] 朱竞.会计信息化环境下的企业财务管理转型与对策[M].北京：经济日报出版社，2019.